監修／金田一秀穂
絵／加納徳博
文／こざきゆう

はじめに

日本語は平仮名だけでなくカタカナや漢字で書かれます。平仮名だけでいいのに、どうしてカタカナや漢字を使うのでしょうか。漢字は形が複雑で、覚えるのも面倒くさいです。平仮名だけにしてしまったら、国語の勉強はかなり易しくなると思いませんか。でも、日本語に漢字はとても大切なのです。日本人にとって、漢字はなくてはならないものなのです。

例えば、「易しくなる」。これは『簡単にわかりやすくなる』ということで、「人に親切になる」ということではありません。「易しくなる」のと「優しくなる」は違うのですが、漢字を使わなければこの区別ができません。

「やさしい」は、口で言ったとき、発音は同じですが、文字になったとき、その意味が二つあることがわかります。つまり、漢字は「簡単であること」と「人にやさしいこと」を区別できるのです。

昔、日本語は、漢字が中国から来る前、「やさしい」の二つの

ことばの区別ができませんでした。同じような意味であると思って使っていたのでしょう。でも、漢字が中国から伝わってきて、それまでは同じ意味だと思っていた「簡単であること」と「人に親切であること」の意味が違うということに気づいたのです。より細かに、私たちが感じることを区別して表現することができるようになったのです。

　私たちが目にしたり耳にしたりする事柄が、より細かく分かるようになること、詳しく言葉で表せるようになること、そのことで、簡単にいえば、頭が良くなったわけです。漢字がなければ私たちのいろいろな感じ方、考え方は、とても大雑把にしか表現できないし、理解できなくなってしまうのです。これはとても恐ろしいことです。

　この本で漢字を勉強してください。漢字を勉強することが、いろいろなことを正しく分かるようになるはじめの一歩なのです。自分の気持ちや考えを細かく正しく表現できるようになる近道なのです。頑張ってください。

金田一秀穂

もくじ

2章 漢字のパーツあれやこれや ……29

3章　漢字にまつわるあれやこれや

5章 しってる？ 漢字クイズ …… 105

0章 そもそも漢字って？

Chapter

「甲骨文字」は3500年前に生まれた漢字の先祖だ

火ばし

占い師

漢字の元になった、いちばん古い文字が、甲骨文字だ。

3500年ほど前、中国には殷という王朝があった。殷では、国の大事なことは、占いで決めていたんだ。

その占いは、亀の甲らや動物の骨に穴をあけ、焼けた火ばしをさす。すると熱で甲らや骨はひび割れる。その形を見て判断するというものだ。

この結果を、やはり甲らや骨に刻んで残したのが甲骨文字ってわけ。

19世紀終わりごろ、殷の都があったとされている土地で、甲骨文字を刻んだ骨が発見された。これまでに約4000文字が見つかり、その半分が解読されているよ。

漢民族が使う文字だから「漢字」

「漢字」の「漢」とはそもそも何なのだろう？

これは、中国で一番大きな河川・長江の支流・漢江を表す字だ。

この漢江の流域の地方を「漢」といい、そこにくらしていた人々を漢民族（漢族）といった。漢民族は、今の中国のほとんどを占める民族、ぼくらがイメージする中国人だ。

その漢民族が使っている言語だから「漢語」。

そして、漢語を書きあらわした文字だから、「漢字」というようになった。

ちなみに漢字という言葉ができたのは10世紀ごろという説があるよ。

動物の足あとから漢字を発明した人の伝説がある

蒼頡

鳥の足あと

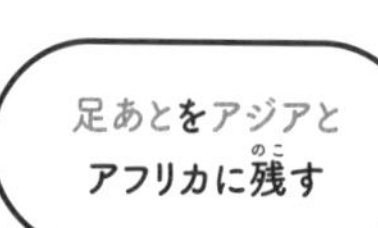

中国の伝説上の人物に蒼頡という人がいる。彼はある日、鳥や獣の足あとを見て、こう思った。

「その形から、足あとをつけた生き物が何か推測できる。ならば、動物そのものを見なくても、足あとがあればどんな動物か表せる。これ、ほかの物事でも、その特徴を足あとのような線や点で表せるよね？」と。「それを使えば、人に伝えることができるんじゃね？」と。

そんなアイデアからできたのが漢字というわけだ。まぁ、実際のところ、漢字は長い年月をかけて多くの人が工夫しながら作ったものだけど。

ちなみに蒼頡は４つ目だったとか。

漢字は弥生時代中期ごろには伝わっていた

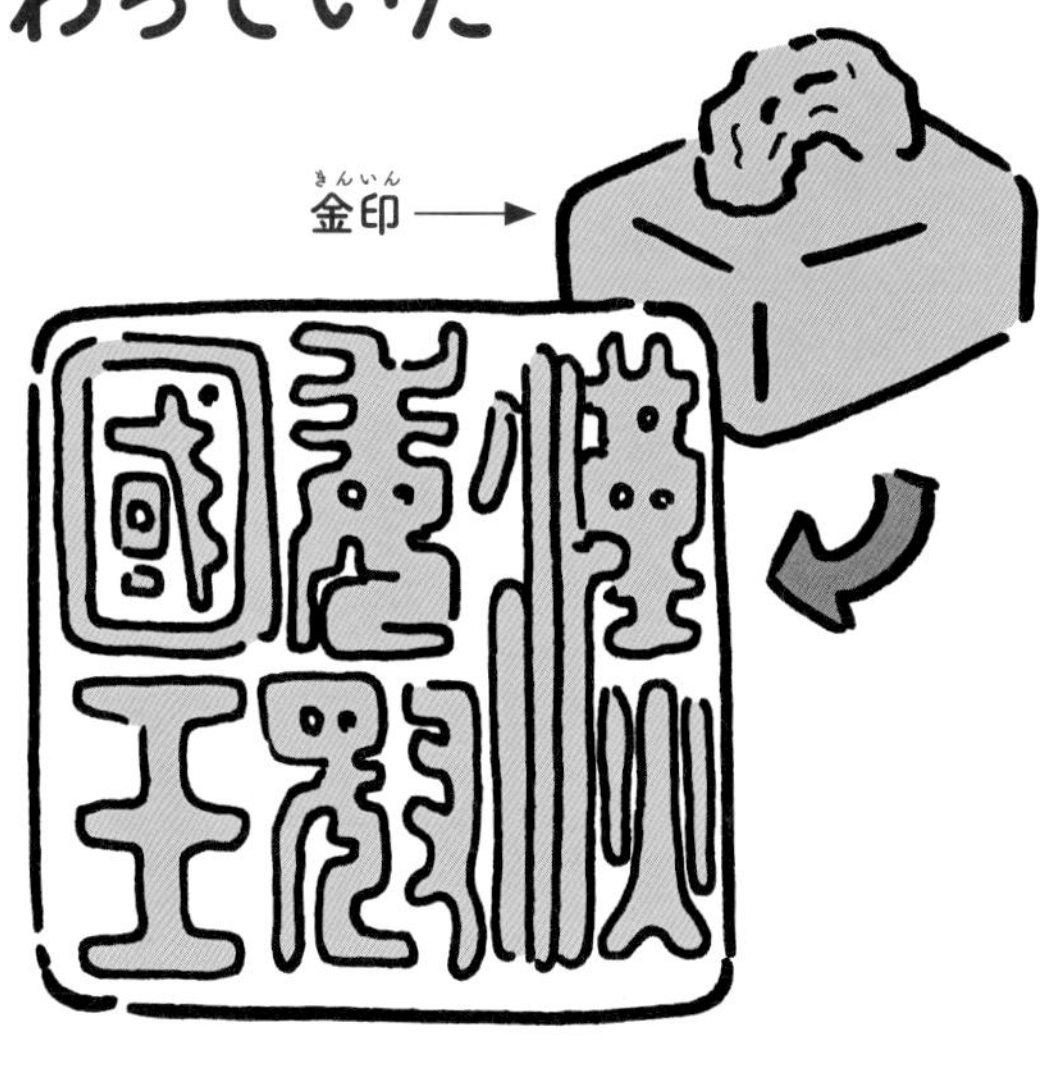

中国生まれの漢字、日本に伝わったのはいつごろかな？

中国の歴史書『漢書』には、2000年前、中国と日本（倭）には、交流があったと書かれている。そのあとに書かれた『後漢書』には、中国の皇帝が、倭の奴国に漢字を刻んだ金印（はんこ）を授けた、とも。

さらに3世紀の『魏志倭人伝』には、倭の邪馬台国の女王の使者が中国から金印をもらった記録もある。

また、1世紀の中国のお金や、奴国が授けられたと思われる金印も見つかっている。つまり、漢字は弥生時代中期（紀元前3〜紀元3世紀）ごろには伝わっていたようだ。

遣隋使がたくさんの漢字を日本にもってきた

小野妹子
はい！

聖徳太子
隋へ行ってきて！

けんすいしてる
遣隋使

日本は大昔から、中国と交流していた。中国のほうがだんぜん文化が進んでいたからだ。

そこで、飛鳥時代、国を取り仕切っていた聖徳太子は「中国の文化や技術を学んでくるべきでしょう」と、中国の隋王朝に、小野妹子ら使節団を送った。「遣隋使」だ。

でも、中国の進んだ文化や学問を取り入れるには、漢文で書かれた書物を読む能力が必要。だから、貴族たちは、遣隋使がもって帰ってきた書物などで勉強して、漢字を読み書きできるようにがんばった。

こうして、日本にはたくさんの漢字が入ってくることになったんだ。

漢字の読みで日本のかなを表した「万葉がな」

「夜露死苦」、「愛羅武勇」など、漢字の読みを当てた書き方がある。これ、最近の話ではなく、昔から日本では行われていたんだ。

中国から漢字が伝わっても、本来、それは中国語を表すためのもので、日本のすべての言葉を表すには漢字が足りない。そのうち、漢字の意味とは関係なく、漢字を使って日本の言葉を表せるかも？　と考えた。

たとえば「あ」なら「安」、「うみ（海）」なら「宇美」と、基本的に1字1音で漢字の読みを借りて表すことにしたってわけ。奈良時代の歌集『万葉集』に多く使われたことから、これを「万葉がな」というよ。

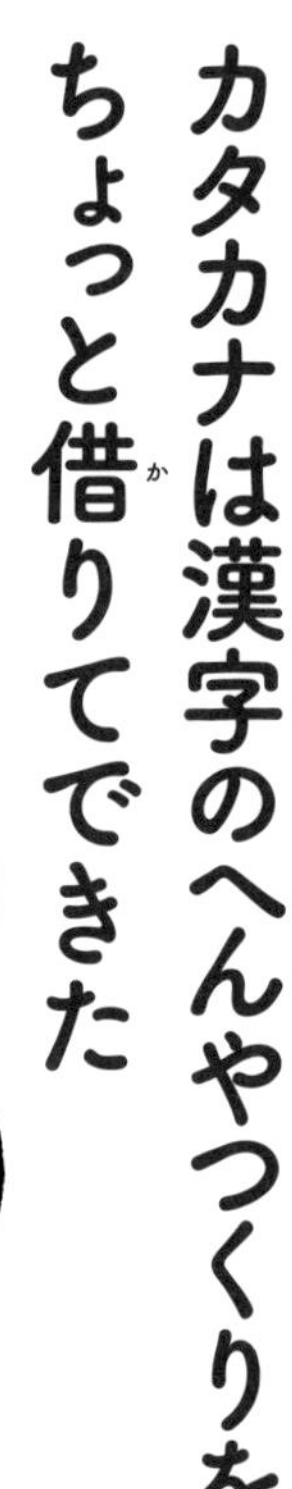

カタカナは漢字のへんやつくりをちょっと借りてできた

ちょっと借りますよ！

阿　←　ア
伊　←　イ
宇　←　ウ
江　←　エ
於　←　オ

平安時代のはじめごろ、お坊さんたちは漢文で書かれた仏教の本で勉強をしていた。このとき、漢字だから読みにくいので「万葉がな」で読み方を書き入れていたんだ。

でも、行と行の間のせま〜いところに書きこむのは大変。だって画数の多い漢字だから。じゃあ、省略しちゃおう、と漢字の一部を使った。たとえば「い」という音に当てていた「伊」なら「イ」だけを書いたりした。ここから形が作られ、「カタカナ」になったってわけ。

ちなみにカタカナは漢字で「片仮名」。「片」と書くのは、おもに漢字の片方側を用いたからって説がある。

漢字を書くのが大変だから ひらがなができた

16ページのとおり、画数の多い漢字は書くのが大変。そこで、万葉がなをくずして書きやすくした「草書体」ができた。

これが広まり、さらにもっとかんたんに、だれでも書ける文字にできるかも？　と考え、平安時代の中ごろにできたのが「ひらがな」だ。

もともとは万葉がななので、「あ」は「安」、「い」は「以」を元にしてできている。形が似ているよね。

なお、ひらがなができた平安時代、貴族の女性が使うようになったことで、清少納言の『枕草子』や紫式部の『源氏物語』などすぐれた作品が生まれることにつながったんだ。

中国の読みをまねたのが音読み、日本の読みを漢字に当てたのが訓読み

漢字の読みには2種類ある。「音読み」と「訓読み」だ。

音読みは、中国での発音をまねた読み方。たとえば、「木」という漢字を中国人が「モク」と発音していたのを日本人が聞いて、そう読んだんだ。

また、「木」は「ボク」とも読む。これは中国の時代や地域で、漢字の音が変化してきたから。日本では、古い音読みを使いながら、新しい音読みも使っていったので、複数の音読みが使われるようになったんだ。

一方、訓読みは、漢字に日本語を当てはめたもの。日本では植物の木を「き」と呼んでいたので、漢字の「木」もそう読むようになった。

漢字の中には、複数の訓読みをするものもある。たとえば「行」は中国語では1字の単語だけど、日本では、送り仮名をふって「行く」「行う」と2通りに使い分けているから。

逆のパターンで、「納める」「収める」「治める」「修める」と、同じ読みのちがう漢字があるね。これは、日本語では「おさめる」というひとつの単語を使っていたけど、中国語では「おさめる」を何通りにも使い分けていたからこうなったんだ。

音読みは、聞いただけでは漢字が想像しにくいけど、訓読みはわりとわかる。これは、中国語由来の漢字を日本語に当てはめたからだよ。

\ ひと休みコラム /

漢字は日本や中国以外でも！

漢字が伝わった国・地域は6つ！

中国の漢文を使った文献などから、中国の文化を取り入れた地域に、漢字は伝わっているんだ。それは、中国、日本、韓国、北朝鮮、ベトナム、台湾で、「漢字文化圏」と呼ばれることも。

漢字が伝わっていても通じない？

韓国や北朝鮮の文字は、丸や四角、棒の組み合わせのハングルが一般的だ。これは朝鮮語を表すために作られたローマ字のようなもの。だから、北朝鮮では漢字が廃止されたし、韓国でも漢字は地名、人名に使われるくらいなんだ。

ベトナムでは街中の看板などで漢字が見られるけど、やはり一般的には使われていないよ。

また、中国、台湾、日本も漢字を使うけど、字体がちがうので、同じ字でも通じない場合が多いよ。

1章 漢字のなりたち

Chapter

漢字（象形文字）は絵文字や顔文字の先祖でもある

＼ぼくらの御先祖だね／

山

川

絵文字や顔文字は、SNSなどに使われる、「いいね！」を表す親指を立てた絵や、(^-^)のように表情のついた顔に見える文字だ。

この絵文字のまさにご先祖様が、漢字だ。そう、もっとも古い漢字の多くは、絵文字から始まった。

それがとてもわかりやすい漢字を上に図解したよ。

たとえば、「山」。3つのみねを表した絵文字とわかるよね。「川」は水の流れるようすを、線を3本に整理してシンプルに。

このように絵文字から作られた文字は、「形を象って」作られていることから、「象形文字」というんだ。

形がない事がらの漢字（指事文字）は記号や印から作った

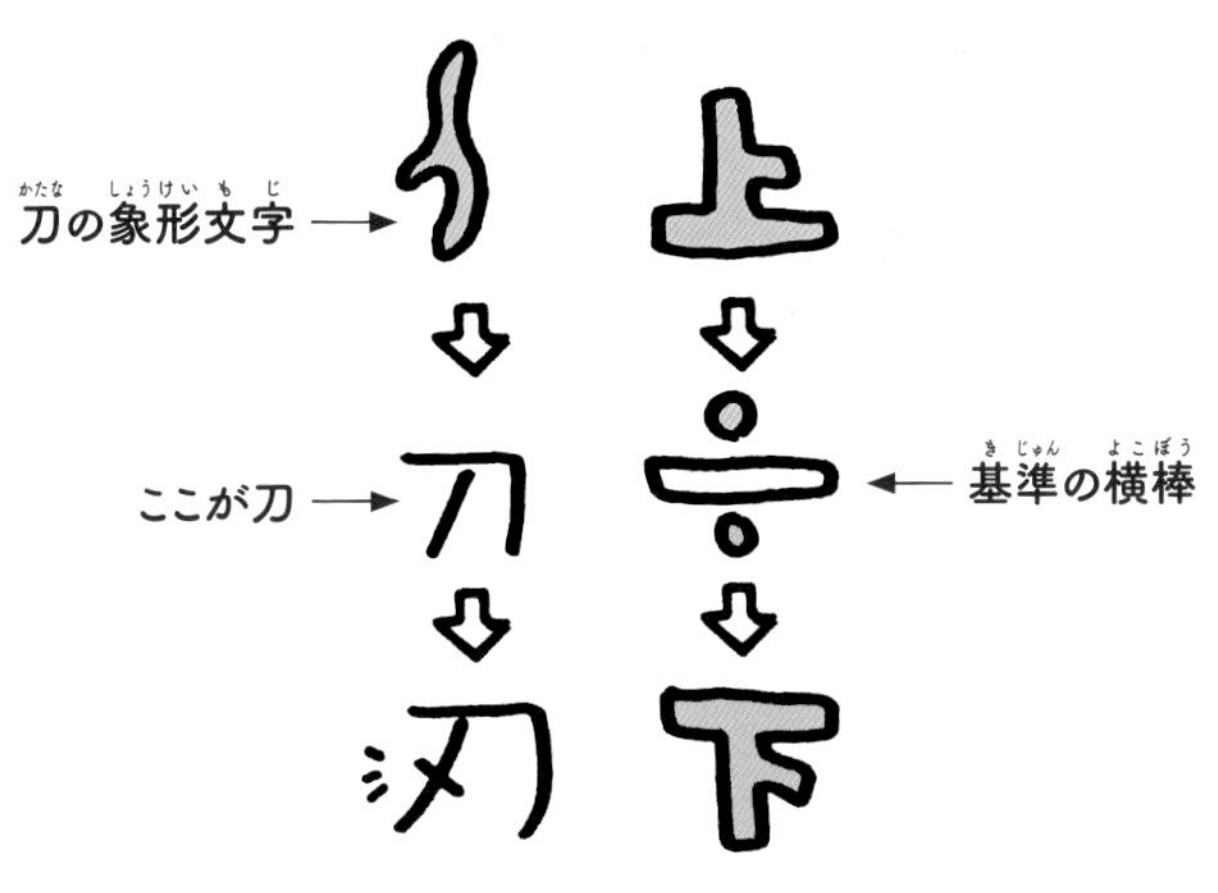

象形文字はものの形から作られたけど、形がないものはどうするのか？　なんて、問題なし。線や点など記号から作りだしたんだ。

たとえば「上」。基準となる横棒の上に、点を打つことで表した。同じように横棒の下に点を打ったものが元になったのが「下」。

また、先にあった漢字を元に使った漢字もある。「刀」は刀の形からできた象形文字だけど、ものを切る部分を「ここだよ」と「、」を打ってしめして「刃」という字ができた。

このように絵では表せない「事がら」を印・記号で「指ししめす」から、「指事文字」というんだ。

漢字＋漢字で新しい意味の漢字（会意文字）、できました

象形文字や指事文字ができたけど、それでも漢字で表せない事がらはいっぱいある。でも、昔の人はあきらめない！

先に作った漢字同士を組み合わせれば、別の新しい意味の漢字ができるじゃん！ そう考えたのだ。ってことで「意味」を「会わせる」ことでできたのが「会意文字」。

具体的には、「炎」なら「火」をふたつ組み合わせることで、火がさかんに燃えるさまを表した。見た目にも、よく燃えていそうでしょ。

「休」は「人＝亻」＋「木」、つまり人が木かげでひといきついているようすを表しているんだ。

漢字の主流派！「意味」と「音」を組み合わせた漢字（形声文字）

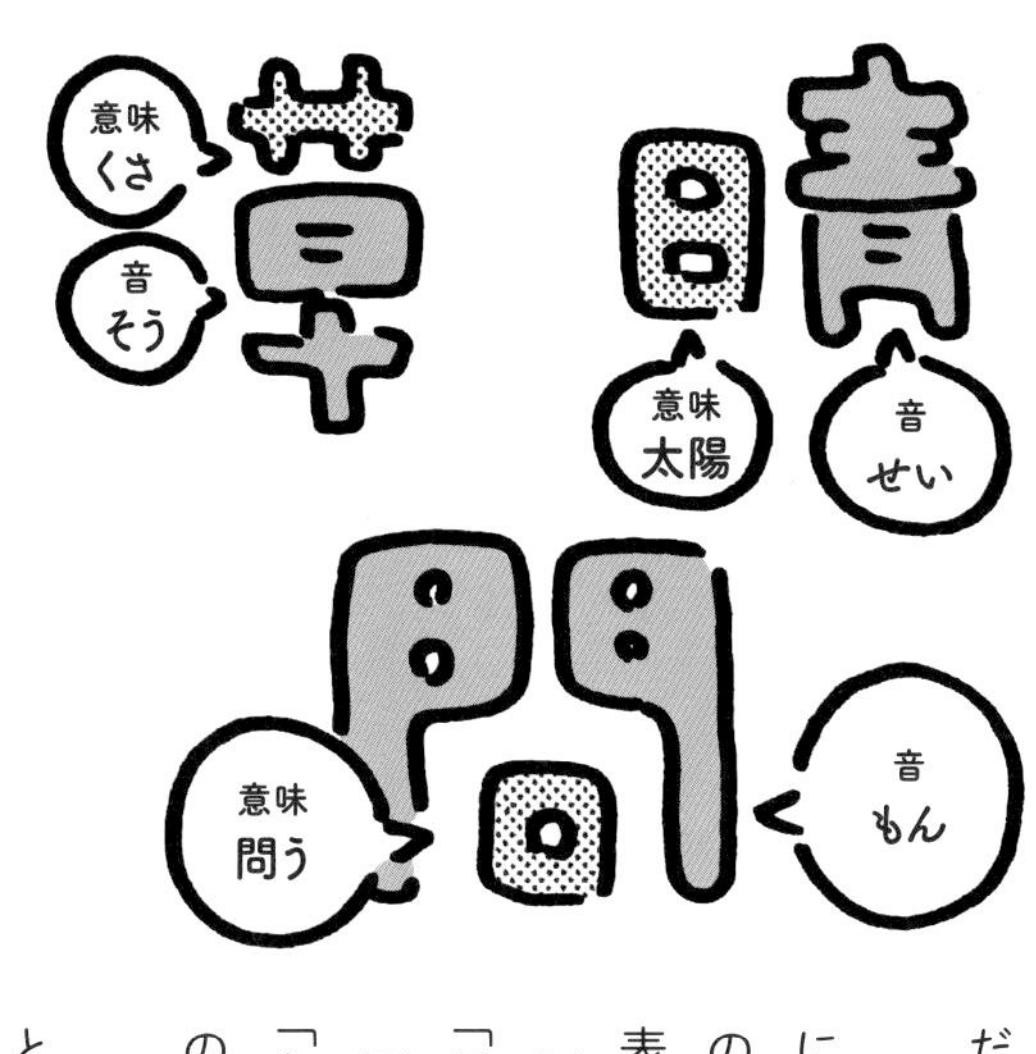

漢字の「意味」と「音」を合わせて作ったのが、形音文字だ。

意味と音なんていうと、難しそうだけど、例を見ればすぐわかるよ。

まず「晴」。「晴天」のように天気に使う。そんな意味を表すのが「日」の部分。そして「せい」という音を表すのが「青」の部分だ。

「草」は「艹」が「くさ」の意味で、「早」は「ソウ」という音を表す。

「問題」の「問」は「口」の部分が「とう」の意味で、「門」が「モン」の音だ。

こういうの、漢字に多くない？と思ったきみ、正解。漢字の80パーセント以上が形音文字なんだ。

漢字の意味は置いておいて「音」だけ借りちゃった漢字（仮借文字）

トウ　トウ

この文字を借りるね

漢字の「音」を借りた文字、当て字が「仮借文字」だ。

たとえば大豆や枝豆の「豆」という漢字。本来は、「トウ」という器のことで、「まめ」の意味とは関係がない。ところが、日本には「まめ」を表す漢字がなく、まめは「トウ」と呼ばれていた。そこで「まめ」を表す文字に、似ている発音の「豆」の字を借りたのだ。

同じように、「私＝われ」を表す「我」も、本来はのこぎりのようなものの意味だった。ただ、「われ」の漢字がなかったので、似た発音の「我」の字が、「私＝われ」の意味に使われるようになったのだ。

漢字のなりたちには6種類あるけど「転注文字」だけは謎

漢字のなりたちは、ここまで見てきた象形文字、指事文字、会意文字、形成文字、仮借文字、そして「転注文字」に分類される。

ぜんぶで6種類なので、これを「六書」という。でも、この分類を行った許慎という学者は、転注文字についてはどんな文字か説明しなかったため、よくわからないんだ。

一説によれば、「労」という字は、「労働」に使うように、「はたらく」の意味がある。でも、働くことはご苦労様なことなので、「労る」の意味をもつようになった……こういうのが転注文字では？　って考え方があるよ。

\ひと休みコラム/

日本オリジナル漢字「国字」

漢字がないなら作っちゃえ!

漢字は中国にあるものを書きあらわす文字だ。だから、日本にあるものを表す漢字がない場合も。で、どうしたかというと、作っちゃったのだ。日本オリジナルの漢字を。これを「国字」というよ。

たとえば、中国では農地の「たんぼ」や「はたけ」を「田」で表した。でも、日本ではそこは分けて表したかった。だから、「田」は水田の意味だけに使い、はたけを表すために、「田」に「火」をつけて「畑」という漢字を新たに作ったんだ。

逆輸出された国字もある!

こうして作られた国字は、およそ140字ほどあるといわれている。そのなかには、日本オリジナルなはずなのに中国に逆輸入されたものも。たとえば「働」。「動く」に「人」を足して、ただ動くだけじゃなく「働く」という意味をもたせた。これ、現在では、中国でも使われているんだよ。

2章 漢字のパーツあれやこれや

Chapter

「T字路」の「T」は漢字の「丁」だった！

＼ティー／

＼てい／

T字路に来ていじろう

Tシャツはアルファベットの「T」の字に似た形だからその名で呼ばれる。でも、道がTの字のように交差している「T字路」はアルファベット由来じゃないんだ！

そもそもは漢字の「丁」のような形を表すものを「丁字形」と呼んでいたので「丁字路」と呼ばれていた。

これがなぜ、「T字路」と思われるようになったかといえば、やはり「T」と「丁」の形が似ていたこと。それに加え、読み方も「ティー」と「てい」と似ていたから。

いつのまにか「丁字路」が「T字路」にすり替わったのだ。ちなみにTシャツは丁シャツじゃないよ。

漢字を7つに なかま分けする「部首」

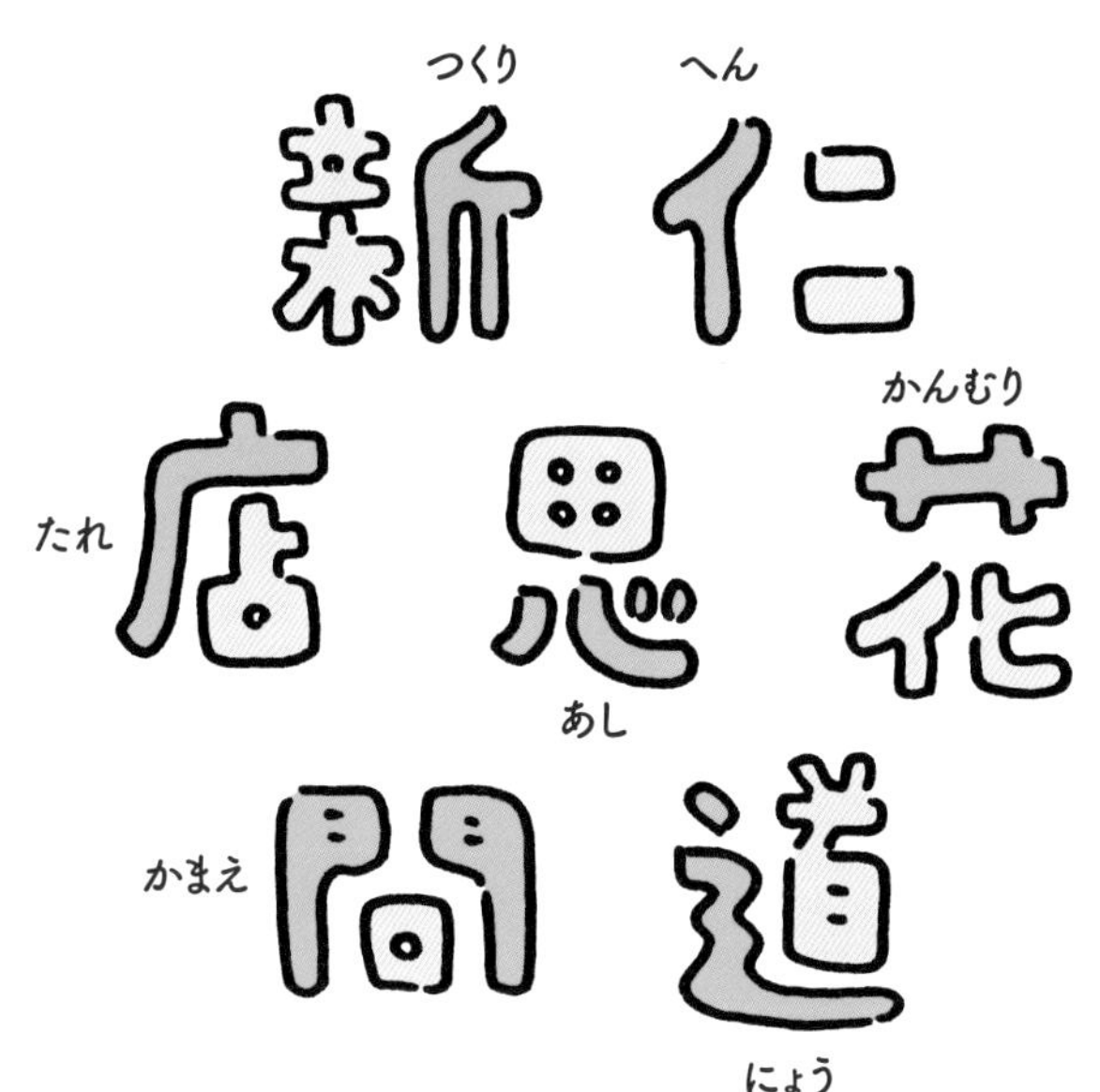

「部首」は、いろんな漢字の基本になる部分。部首がつく漢字は、大きく7つになかま分けすることができるんだ。

まず「へん」。漢字の左側にあるもので「仁」の「亻」など。右側にあるのは「つくり」で「新」の「斤」など。上につくのが「かんむり」で「花」の「艹」の部分。下につくのは「あし」で「思」の「心」。右から左にたれるのが「たれ」で「店」の「广」など。左から下に入るのが「にょう」で、「道」の「辶」の部分。囲んだりはさんだりするのが「かまえ」で「問」の「門」などがある。

部首は210種くらいあるよ。

「犭」の元に選ばれたけものの代表は、犬

「けもの」は「毛物」が由来とされ、全身に毛がはえて、4本足をもつ哺乳類を指す。「けもの」が漢字のへんになったのが「犭」（けものへん）だ。

この形は「犬」が元になっている。中国では犬は身近な動物で、けものを代表して「けものへん」になった。

だから、犬に似たような姿や大きさの動物には「犭」がつくことが多い。「狐」「狼」「猫」などがわかりやすいね。逆に犬に似ていない「熊」「馬」「虎」などにはつかないよね。

また、人間の行いにも使われる。「狩（る）」「獲（る）」「狡（い）」などだ。

「独」は犬といもむし、「ひとりぼっち」同士がくっついてできた

「独」には、「ひとりぼっち」の意味がある。なぜ「犭」と「虫」でそんな意味になるのだろう？

部首の「犭」は32ページのように、「犬」が由来。昔、犬には家を守る番犬の役目があった。外で飼われ、1ぴきで留守番していたのだ。

一方、「虫」の元になった字は「蜀」と書いた。これは木や葉についた、いもむしの姿が由来だ。

いもむしは葉にくっつくと、そこから1ぴきでじっとして離れないように見える。

そんな犬といもむし、ひとりぼっち同士がくっついた漢字。めっちゃさみしい字だったのだ。

「鬼」（きにょう）はバケモノを表す

魑魅魍魎

うひゃひゃひゃ

にょうのついた
漢字に用がある

部首の「にょう」の中でも、代表的なものが「辶」（しんにょう）。これがついていると、道や歩くことに関することを表すんだ。

では、「鬼」（きにょう）はどうだろう？ 鬼ばばあとか鬼が島の「おに」だから、なんだか怖い意味がありそうな気がするよね。まさにそのとおり。

これが4字の熟語ぜんぶについた「魑魅魍魎」なんて、見た目にもまがまがしい。しかも意味は、山や川、沼にすむバケモノのことなんだ。

そもそも鬼は、死者の魂のことで、そこから亡霊やバケモノと関係あることを表すようになったんだよ。

形声文字で「音」を表す部分が意味を表すこともある

25ページで見た形声文字。意味を表す部分と、音を表す部分で作られる漢字だったよね。

その例で見た「晴」は、意味を表すのが「日」、音を表すのが「青」だ。

でも、「青」の部分にも、なんだか晴れた空のイメージがあるように思えない？　ほかにも水がよくすむようすを表す「清」とかも「よごれもなくすんでいる」感じがするよね。

これらはじつは「青」の字がもつ意味だ。そう、形成文字の音を表す部分でも、意味を表すことがある。

なお、「青」の部分が共通すれば、読みもふつう同じなので、習っていない漢字でもけっこう読めちゃうぞ。

「電」の中には神様がひそんでいる!?

わしゃ神なり!

まいごの神様
オーマイゴッド!

電気や電車などの「電」という漢字。これは「雨」と、「申」が元になった字がくっついたもの。

なぜその組み合わせなのか？　ヒントは、いなずまだ。

いなずまはよく雨をともなう。だから「雨」が使われるのはわかるね。

また、いなずまの正体は電気なので、空でピカッと光る。これは昔、神様がすごい力を人間にしめしたものと考えられた。落ちる光をかたどって「申」の字ができ、神の意味ももつようになった。だから「電」の漢字には神様がひそんでいるんだ。

「友」は手を取り合い助け合う意味がある

友だちの「友」は、カタカナの「ナ」に似た形と、「又」という字の組み合わせでできている。
　もともと「ナ」の部分は、「又」を少しくずしたものだ。つまり「友」には「又」がふたつあることになる。
　じゃあ気になるのは、そのふたつもある「又」だ。いったい「又」とはなんぞやというと、これは「右手」を表しているんだ。
　だから「友」はふたつの右手……ってことは、ひとりじゃないのはわかるよね。これは、人が手を取り合っているようす、おたがい助け合える人のことを、「友」の字で表しているっていうわけ。

線路を走る汽車に水を表す「氵」がついているわけ

蒸気の力で走る！

列車は、線路を走る鉄道車両。今は「電車」が主だけど、昔は「汽車」だった。きみも昔の映像や、汽車がキャラクターになった絵本で見たことないかな。

ところで、汽車の「汽」、部首は水に関係する「氵」（さんずい）だ。陸を移動する乗り物に「氵」が使われているのは、変な気がするよね。

もちろん理由がある。電車は電気の力で動くから〝電〟車であるように、汽車は〝汽〟の力で動くからだ。

汽とは何かといえば、水の蒸発したものを表す漢字。汽車は石炭を燃やして出てくる水蒸気の力で走る。だから水にも関係しているってわけ。

「虹」には「虫」がつくけど虫はヘビのことで「虹」は龍の意味

空にかかる「虹」。部首は「虫」だけど、元は「ヘビ」のことで、「虹」の字は「龍」を意味するという……なんだかわからない話になったので、説明していこう。

まず、「虫」は「蟻」など昆虫や、「蛙」「蟹」など小さな生き物を表す字だったけど、そもそもはヘビの形からできた字だ。

そして、昔の人は雨上がりの空にかかる虹を見て、「龍のなかまにちがいない」と思った。で、龍は空をつらぬくほどの巨大なヘビのようなものと考えられていたので、ヘビ＝「虫」に、つらぬく意味を表す「工」を合わせて「虹」になったんだ。

形はちがうのに意味も読みも同じ字という漢字がある

友だちに「斉藤くん」はいる? もしくは「斎藤くん」?

「斉」と「斎」は、意味や読みは同じ、つまり同じ漢字。字の形、「字体」がちがうので「異字体」という。

同じく、「沢」と「澤」も異字体。でも、「澤」は「沢」の古い字体である「旧字体」だ。旧字体は、異字体の一種なんだ。

また、異字体だけど「碁」と「棋」は現在では「囲碁」と「将棋」として、まったく別の漢字になってしまったものもあるよ。

ちなみに「尤」と「犬」、「萩」と「荻」などは、似ているけど別の漢字だ。

＼ひと休みコラム／

凹凸にも部首があるし筆順もある

一見、漢字に見えない漢字

でこぼこを表す凹凸。パッと見、漢字には思えないかもしれないけど、じつはこれらも立派な漢字。

だから部首もある。ともに「凵」（かんにょう、うけばこ）という。もちろん筆順も決まっていて、ともに5画。それは下のとおりだよ。

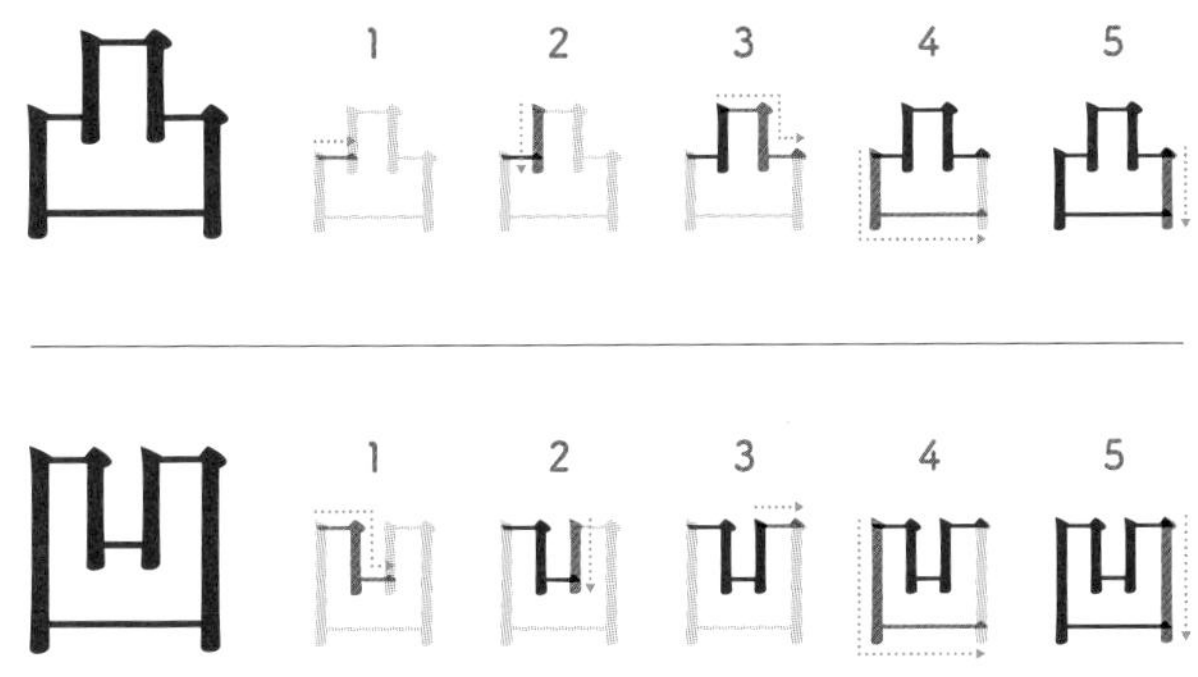

「卍」……お前も漢字だったのか！

「え、お前、記号じゃないの?」と言っちゃいそうな、漢字に見えない漢字は、もちろんほかにもある。そのひとつ、「卍」は部首が「十」、総画数6画の漢字だよ。

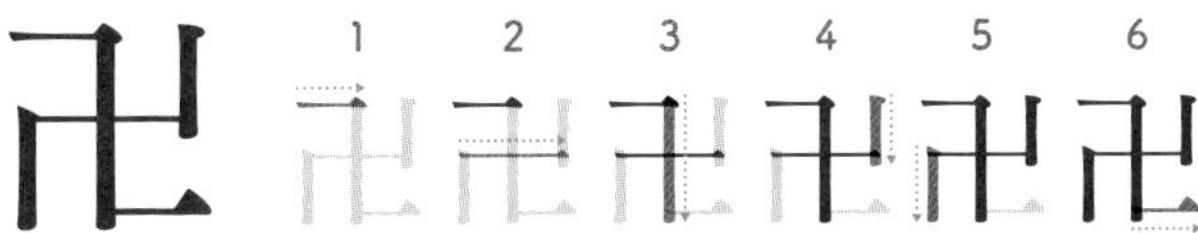

魚の「灬」は尾びれ、熱の「灬」は火

「魚」は魚をかたどってできた象形文字だ。だから、下の「灬」は尾びれを表している。

でも、「灬」は尾びれにかぎらない。「灬」がある漢字でも、「馬」なら4本のあし、「鳥」なら羽とあしを表しているのだ。つまり、同じ「灬」でも意味がちがうものなんだ。

それなら「熱」にも「灬」があるけど、これはもちろん、あしじゃない。「蒸」「煮」などの漢字と合わせて考えるとわかりやすいけど、この場合の「灬」は火を表している。

部首で見ると「魚」は「魚へん」、「熱」は「れっか」といって、成り立ちも意味もちがうんだよね。

「客」は人の家で足が止まっている状態のこと

「客」という漢字は、「宀」（うかんむり）の下に「各」と書く。これは、「人の家で足が止まっている状態」を表している。え、よくわからない？　それなら漢字を細かく分解してみよう。

まず、「各」の「口」の部分は、「石」を表している。「石」にも「口」があるでしょ。

では、その上にある「夂」の部分。これ、人が足をもつれさせているように見えない？　つまり、人が石につまずいて、もつれたイメージだ。

そこに家を表す「宀」が乗っかる。家をささえにして足が止まる人ってことで、お客さんになるってわけだ。

「八」には「ふたつに分ける」の意味がある

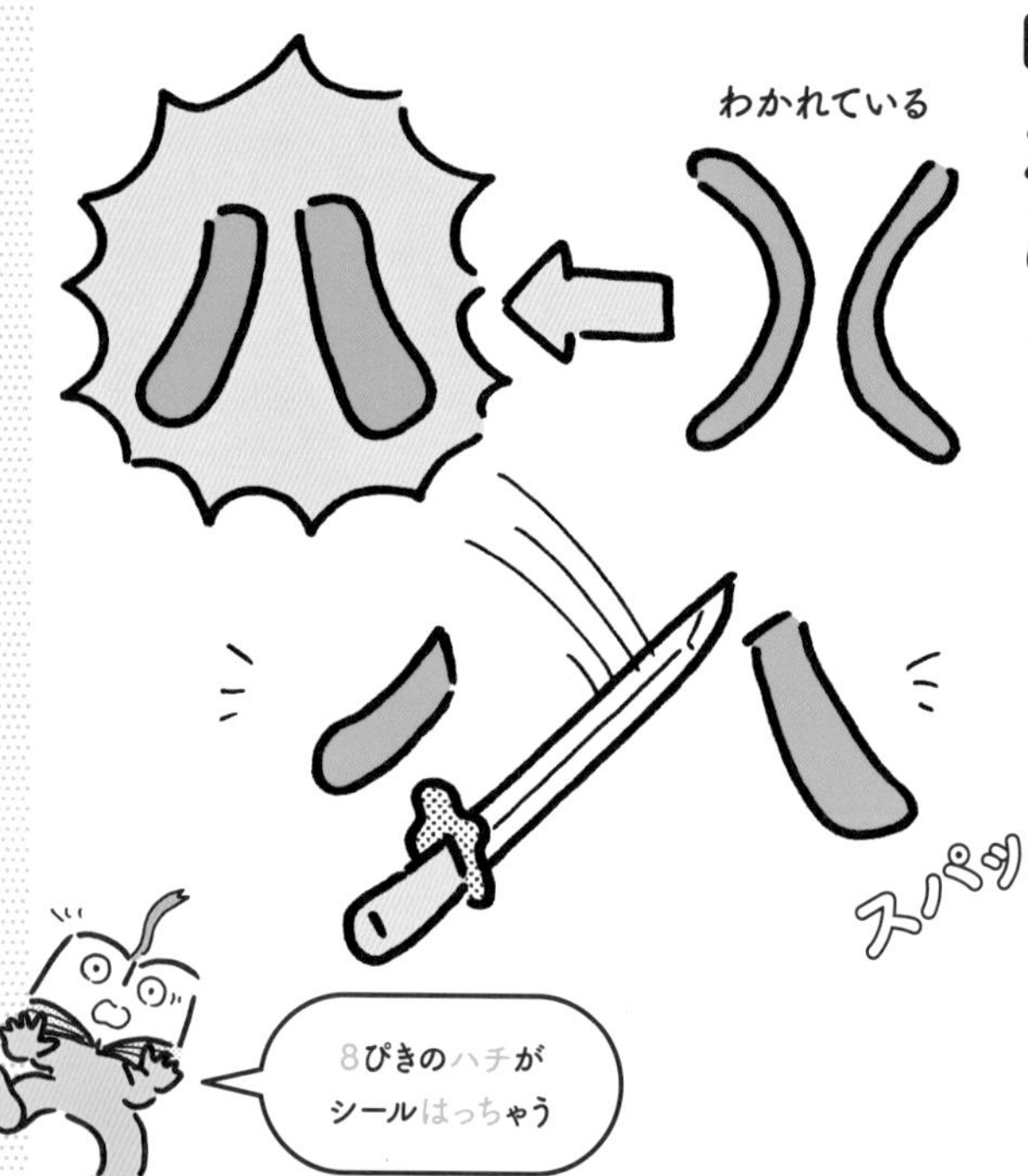

漢字の「八」は、左右半分に分かれているよね。つまり、「ふたつに分ける」の意味がある。

……と、ここまで「分かれて」「分ける」と書いたけど、その「分」という漢字。上と下で分けると「八」＋「刀」。つまり、刀でスパ〜ンと切り分けたイメージなんだ。

では、「八」が数字の8を表すのはなぜか？　両手の指4本ずつを向かい合わせた形からできているので、足せば8になるとか。「発」と発音が同じで、「発」は「八方」に向かって「出発」する意味を表す字だからとか。なりたちには諸説ある。シンプルな字でも細かい理由があるね。

「垂」は稲穂や大きな葉がだら〜ん、垂れ下がるイメージ

「垂」って漢字があるよね。きみの身近なところだと、「垂直」や「けん垂」なんかに使うかな。

この、垂直もけん垂も、まっすぐ垂れさがる意味がある。「垂」は垂れることを表しているんだ。

では、何が垂れているのか？　ヒントは下が「土」ということ。土から上にのびるものといえば、植物！

それは、稲やトウモロコシのような植物だ。茎をのばし、稲穂や葉が垂れさがるようすを表すというわけ。

ちなみに眠ることである「睡眠」の「睡」は、「垂」に「目」と書くね。上から「垂」れさがる「目」、「まぶた」が閉じる意味だ。

「孤独」の「孤」は超さみしい漢字だった

「孤独」の「独」は、33ページで見たように、「ひとりっきり」「ひとりぼっち」のこと。

では、「孤」はどうかというと、これまた「ひとりっきり」を表す。つまり「孤独」は、かなりひとりっきりな、超さみしい熟語なのだ。

でもなぜ「子」（こへん）に「瓜」がさみしい意味になるのか。「瓜」は、「ム」の部分が植物のウリを表し、つるからウリがたった1個、転がっているようすだ。それに「子」がつくことで、身寄りもない子どもがひとりでいることを表している。

なお「孤」のへんが「犭」だと「狐」。キツネは「コ（ン）」と鳴くからだ。

「季」は「終わり」を表している

「季」といえば、「四季」「夏季」など、季節を表す漢字というイメージがあるよね。

でも、その漢字の意味には、「終わり」もあるって知ってた？

「季」のなりたちは、「禾」＋「子」だよね。「禾」が何のことかといえば「稲」など穀物の穂のこと。「子」は穂に実った米や麦などのこと。

大昔の中国では、秋になって穀物の収穫が終わると、役人たちには、その年の給料が支払われた。そこから、「季」の字は、穀物が実って1年が終わることを表すようになった。

ちなみに「季」1字だけで、兄弟の中の「末っ子」の意味もある。

「守」の漢字。どこを使って守っているかといえば「手」

森で雨もり防ぐ
お守り、もりだくさん

「守」

の漢字には、「ガードする」という意味がある。

家の屋根や、取り囲むことを表す「宀」（うかんむり）でもわかるように、もともとは「家を守る」ことからできた漢字だ。

でも、「守」の「寸」の方は何だ？　っていうとこれは、手で何かをしているようす。つまり、手で武器などを戦うための道具をもったりして、家をガードしていることなんだ。

ちなみに、「家を守る」＝「家守」で「やもり」と読めるように、爬虫類のヤモリは家を守ってくれる生き物といわれるよ。ついでにイモリは「井守」で井戸を守るのだとか。

「少」の「ノ」の部分は「刀」だった！

漢字の「小」はもともと「∴」と書いた。小石のような小粒のものがあることを表していた。だから「小さい」というわけ。

この「小」に「ノ」がつくと「少」だ。「ノ」は「刀」を表す。つまり「少」は、大きなものを刀のような刃物で小さくそぎ落としたことを表す。

だから、「小」は元から小さなもの、「少」は大きいものを「少」なくしたイメージだ。そう考えると、「小」と「少」の使い分けもわかりやすい。

たとえば紅茶に入れる砂糖だと「小量」なら、角砂糖ひとつのように小さな量。「少量」なら入れ物にいっぱいある砂糖から、少しずつとる感じだ。

悪い意味の漢字からおめでたい漢字に変わった「誕」

誕

生日ってなんかハッピーだよね。だから「誕」の字にはすごくいいイメージがない？

でも、そのつくりを見ると、言葉を表す「言」＋のばすことを表す「延」。つまり「言葉を（本当のことよりも）のばす」ってわけで、「ウソをつく」とか「でたらめ」など、悪い意味を表していたのだ。

なぜいい意味に変わったのかといえば、中国で「誕彌厥月先生如達（月が満ち、初産は羊のように安産だった）」という詩がよまれたから。この1字目と6字目から「誕生」という熟語ができて、「誕」は「生まれる」という意味をもったんだ。

「戦」はじつは、戦いにふるえている姿のことだった!?

「戦争」「好戦」などバトルの意味で使われる「戦」。「単」は身を守る「たて」を表し、「戈」はやりのような「武器」を表す。だから「戦う」という意味があるけど、「戦く」と書くこともある。意味は「ぶるぶるふるえること」だ。

やる気まんまん、気持ちが高ぶる「武者ぶるい」を表す意味もあるのかもしれないけど、戦うことって怖いことでもあるよね。ふるえるくらいイヤなもの。

だからこそ、やはり昔の人も、武器をもって戦うようすを表すこの漢字に、怖くてふるえる意味ももたせたのかもしれないね。

「春」はお日様の力で植物が芽を出すようす

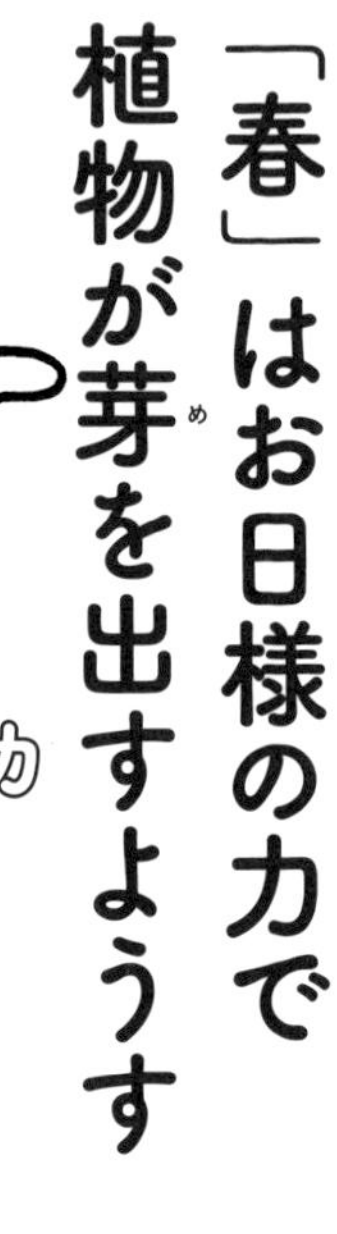

「春」は「三」＋「人」＋「日」で「3人が日向ぼっこするほど気持ちがいい気候」からこの漢字になった……というのはウソだ。「春」のもともとの漢字は、「萅」と書いた。難しい字だけど、分解すると「艹」＋「屯」＋「日」だ。

このうち「日」は太陽のこと。では「屯」はというと、土の中で地上に芽を出すぞ出すぞと力をためている植物のようすを表す。それに「艹」（くさかんむり）が合わさってできた「萅」＝「春」は、そう！　お日様を浴びてどんどん地上に顔を出す植物の芽、芽吹きの季節を表しているのだ。

「一」「二」「三」ときて「亖」じゃなくて「四」なのは「亖」が「四」に負けたから

「一」は昔、中国で数を数えるのに使った「算木」という木を、1本置いたようすを表す。

だから、「二」も「三」もそれぞれ算木を2本、3本、置いたようす。

じゃあ「4」を表すなら「亖」でいいと思えるし、昔はそうだった。ところが、線が多く数えにくい。

そこで登場するのが「口の中の歯が見えるようす」を表す「四」という漢字。「シ」と読んだけど、「亖」も「シ」と読む。読み方が同じなら、4の漢字には「四」を使えば見やすく、数えまちがえしにくくなるよね。

結果、「亖」は敗れ、「四」が使われるようになったとか。

「休」は最初、戦争で手がらを立てた人を表彰することだった!?

ほうびをとらす

ありがとうございます

「学校休みた〜い」、でも、ズル休みはよくないので、がんばったら休みをあげよう、というのが本来の「休」の意味に近いかも!?

「人(亻)」+「木」=人が木かげでひといきつくようすを表しているって、24ページで紹介したよね。ただ、漢字のなりたちには、いろいろな説があるもので……。

「木」の部分はもともとは「禾」で、軍隊が野営するときに、入り口に置かれた木を表す。そして戦いで手がらを立てた人を表彰することを「休」といい、ほうびの中には「お休み」もあった。このことから、「休」は「休む」の意味になったんだ。

「数」は女性の結い上げた髪が乱れたようす

何本か、ず～っと数を数える

ものがいくつあるのか調べることを「数える」という。

ところが、そもそも「数」の漢字は、「数えられない」意味からきている。「数」の字は「婁」と「攴」を組み合わせて「數」と書いた。「婁」は女性が髪を結い上げたようす。だから「女」という字が入っている。「攴」は手や棒のようなもので打つこと。

つまり、手や棒で、結い上げた髪をくずす動きを表しているのだ。

髪が乱れちゃうと、髪の毛がばらばらになって、それが何本かなんて数えられないよね。「本数が多い」なんてことから「数」「数える」って意味に変わっていったんだって。

「北」は背中合わせの人、では「東」「西」「南」は？

方位を表す「東西南北」。それらの字にも、なりたちがある。

「北」は、背中合わせを表す。だから「背く」の意味がある。また、昔の王は儀式のとき、南向きにすわった。王が背く方向を「ほく」と読んだので、「北」を表すようになったんだ。

「東」は、布の上下をくくり袋状にしたものを「とう」と読んだので、その音を借りて「東」の意味になった。

「西」は目のあらいかご、「南」は青銅器で作った太鼓のような楽器を表した漢字で、それぞれその音を借りて方位の「西」「南」を表した。

つまり東西南北の漢字は、形そのものには方位の意味はないってわけ。

「明」の「日」は じつは太陽じゃない!?

「明」は、「日」＋「月」でできている。昼の空に太陽、夜の空に月があり、これらで「明るい」というのだから、わかりやすいね。

でも、これはひとつの説だ。明るいだけなら、太陽の光で十分じゃない？　なぜわざわざ月まで加えたのか不思議になっちゃうよね。

そこで考えられたのが、「明」は夜の月明かりだけの意味じゃないか、というもの。「日」の部分は、「囧」という「家の窓」を表す漢字かもしれない。つまり窓から差しこむ月明かりを表していた。「明」には暗い場所を明るく照らす意味もあるから、ピッタリな気がしてくるね。

「医」の中の「矢」は悪霊をはらう呪術道具

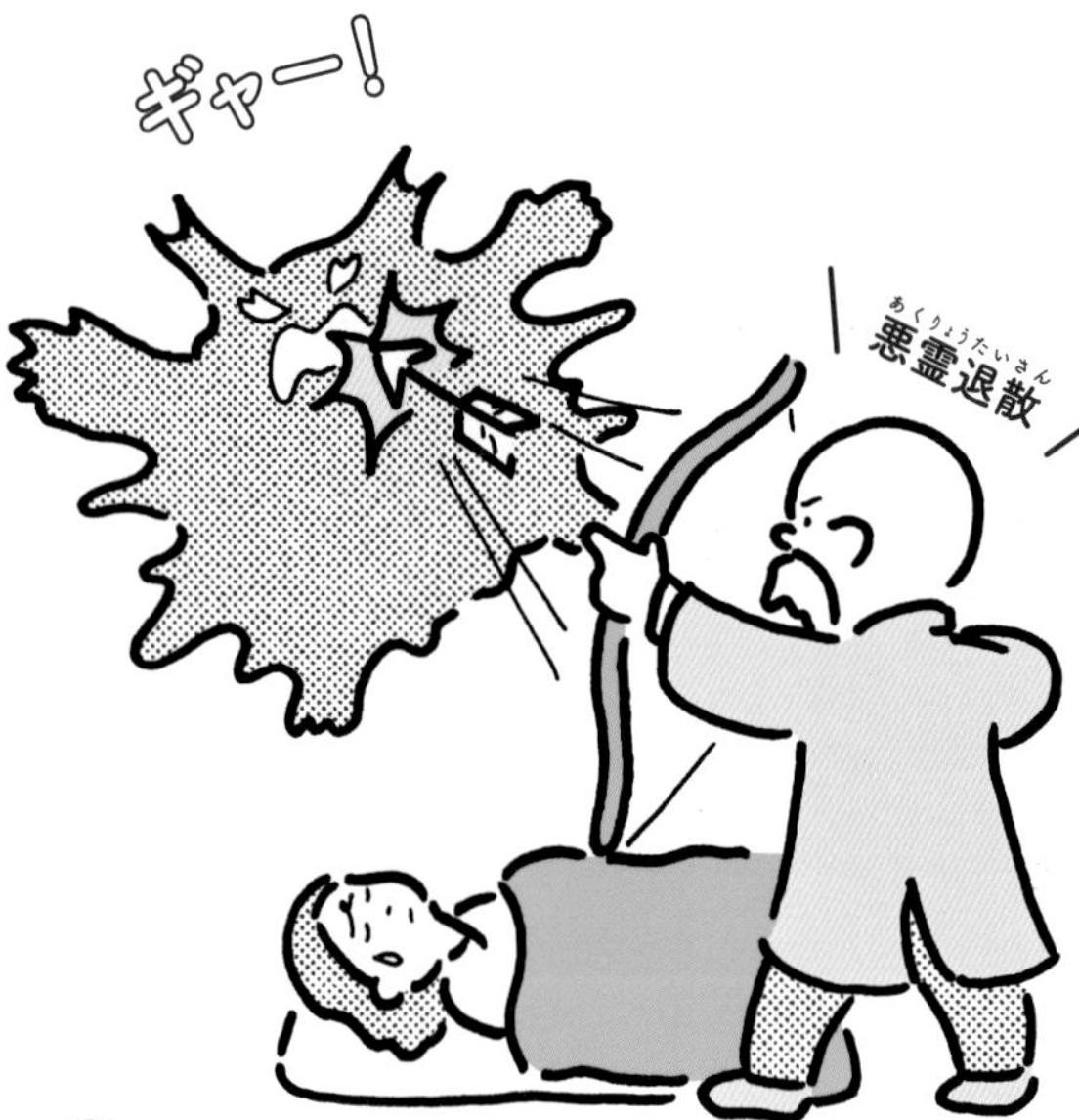

ギャー！

悪霊退散

呪術で手術

「医」という漢字は、「医者」「医薬品」のように、病気の治療に関係したことに使われるね。

この「医」は、もともとは「醫」だった。上の「殹」は、呪術で使う矢を箱からを出すようすを表す。下の「酉」は「酒つぼ」を表す。

なぜ、呪いの矢や酒つぼが漢字に使われているのか、疑問だよね。

じつは医術はまじないから発展したものだ。大昔、病気の原因は悪霊のしわざだと考えられてきた。

そこで、悪霊を矢でたおせば病気が治ると考えられた。また、酒は神棚にお供えする、神聖なもの。つまり悪霊退散の呪術道具だったのだ。

3章 漢字にまつわるあれやこれや

Chapter

3

意味と関係なかったり意味を優先したりする当て字

漢字本来の意味を考えない「当て字」という使い方がある。

まず、漢字の意味を無視して、音だけを優先するもの。たとえば「お芽出たい」や「お目出度う」。「おめでたい」に正式の漢字はないけど、「芽」「目」と、同じ音の漢字を使うわけだ。「万葉がな」（15ページ）が今も使われているのだ。

もうひとつが、漢字の読みを無視して、意味だけを優先するもの。漫画などで、「これも運命だ」とか「好敵手」と読むものを見たことはない？　また、昔から「秋桜」や「浴衣」なども使われているよ。

当て字はわりとふつうにあるのだ。

外来語も似た音の漢字を当てて表しちゃう！

「外来語」は、コーヒーやアメリカなど、外国から伝わり、日本語になった言葉。

今はカタカナで書くのがふつうだ。でも、これらが伝わったころは、漢字で書き表していたんだ。

たとえば、コーヒーなら「珈琲」、アメリカなら「亜米利加」というふうに。また、人名も「コロンブス」のことを「古倫比」と書くように、漢字を当てて書いていたよ。

これらは漢字の意味に関係なく、似た読み方をする漢字を当てたもの。なかには「カタログ」を「型録」、「ジョウロ」を「如雨露」と、漢字の意味に寄せたうまい当て字もあるよ。

熟語でも最多の二字熟語には7つの形がある

漢字は1字1字に意味があるけど、2字以上結びつくと、さらに意味が広がる。このような、ひとまとまりの言葉が「熟語」だ。

熟語は、短い言葉で表現できる、便利なもの。たとえば、「山に登る」のも「登山」と漢字2字で表せる。

そんな熟語は、ひとまとまりになる漢字の数で「二字熟語」「三字熟語」「四字熟語」、とふえていく（上限はない）。そして、熟語の中でももっとも種類が多いのが二字熟語だ。

二字熟語には、7つの形がある。

①似た意味の漢字を並べた熟語……岩と石で「岩石」、寒いと冷たいで「寒冷」など。

②反対の意味の漢字を合わせた熟語……善いと悪いで「善悪」、強いと弱いで「強弱」など。
③上の漢字が下の漢字にかかる熟語……「(西)洋の画」で「洋画」、「新しい年」で「新年」など。
④下の漢字が上の漢字にかかる熟語……「顔を洗う」で「洗顔」、「熱を加える」で「加熱」など。
⑤上の漢字が下の漢字の意味を打ち消す熟語……「不安」、「無罪」のように不、無など打ち消す漢字がつく。
⑥漢字の下に「化」「的」「性」がつく……「美化」「知的」など。
⑦同じ漢字を重ねた熟語……「少少」「人人」など。

3つの漢字からなる三字熟語は3パターンある

三字熟語は、漢字3つのまとまりで、次の3つの形がある。

①「1字＋1字＋1字」の3つ並んだもの……「大中小」や「衣食住」など。1字1字が対等な関係だ。

②二字熟語の下に漢字1字がつく……「美術館」なら「美術」＋「館」、「専門店」なら「専門」＋「店」だ。

また、「的」「化」「性」のように、後ろの1字が前の2字を強めるもの。「効果的」や「映画化」など。

③1字＋二字熟語……「未だ確認できない」で「未確認」のように、前の1字があとの2字を打ち消すものや、「大きな都市」で「大都市」など。

4つの漢字からなる四字熟語は4パターンある

強炭酸水　　海外旅行

四字熟語は漢字4つが並ぶ。これには4つの形がある。

①「1字＋1字＋1字＋1字」の漢字4つが並んだもの……「東西南北」、「春夏秋冬」などだ。

②「2字＋2字」で、二字熟語が2つ並んだもの……「海外旅行」や「自問自答」など。

③「3字＋1字」で、三字熟語の下に1字つくもの……「五十音順」なら「五十音＋順」、「専門店街」なら「専門店＋街」だね。

④「1字＋3字」で、三字熟語の上に1字つくもの……「強炭酸水」は「強＋炭酸水」、「七不思議」なら「七＋不思議」の組み合わせだね。

「危機一髪」？「危機一発」？意味を知ればわかる！

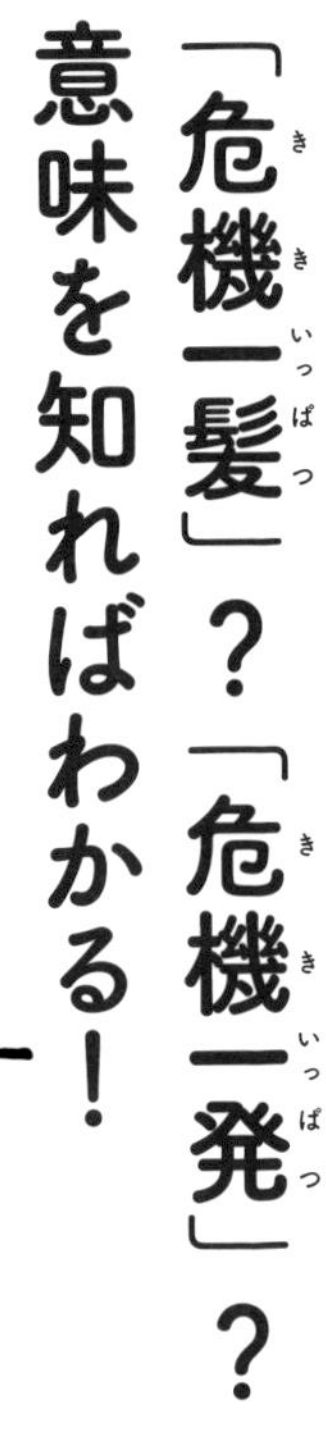

ひゃー！

危機だった話、聞きませんか？

すごく危い状態を表す四字熟語、それが「危機一〝ぱつ〟」だ。

では、この〝ぱつ〟を漢字にすると、「髪」「発」のどちらだろう。

とても書きまちがえやすい四字熟語なんだけど、意味を知れば一発でわかる。というのも、危険がまさに髪の毛1本分の近さまで迫っている状況を表すからだ。だから「一発」じゃなくて「一髪」ってわけ。

また、「先の見通しが立たない」ときに使う「五里霧中」も「五里夢中」とまちがえやすい。でも、「五里霧」＝五里（約2キロ）四方、霧がかった状態の意味で、「霧」が正解。夢の中をさまようわけじゃない。

ひと休みコラム

四苦八苦は12じゃなく8つの苦しみ

つらいやら苦しいやらを表す仏教用語

「宿題に四苦八苦した」なんて使い方をする四字熟語の「四苦八苦」。数字を見ると、「4」と「8」だから「12」の苦しみのようだけど、じつは8つ。「四苦」も「八苦」も仏教用語なんだ。

「四苦」は「生・老・病・死」の4つの苦しみ。これに「愛する人と別れる苦しみ」「にくらしい人と出会う苦しみ」「求めるものが手に入らない苦しみ」「思い通りにならない苦しみ」の4つの苦しみを足したもの。ぜんぶで「八苦」となるんだ。

似たような言葉も数がいっぱい

この「四苦八苦」と似たような言葉には「七転八倒」とか「七難八苦」、「千辛万苦」なんかがある。いずれもなんだかつらいものがいっぱいあるイメージだね。世の中、苦しいことだらけ!?

魚の「鮎」は日本で「アユ」のことだけど中国では「ナマズ」

漢字は中国から日本に伝わったものとあって、共通の漢字は同じ意味、という場合も多い。

でも、中国語を表すための漢字を、日本語を表すために工夫して使った。だから、中国語にあって日本語になかったものに、ちがう意味の漢字を当てはめて使ったり、新しい漢字を作ってきたんだ。

そんな漢字のひとつに「鮎」がある。日本では「アユ」のこと。ところが、もともと、中国では「ナマズ」を意味していたんだ。アユを表す漢字が日本にはなかったので、ナマズに使われていた「鮎」を用いたのだ。ん？　ナマズは日本にもいるけど、

そっちの漢字は？　って思うよね。新しく「鯰」って漢字を作ったんだ。だから中国では通じないよ。なお、中国でアユは「香魚」と書くそうだ。

同じように「猪」は日本では「いのしし」だけど中国では「ぶた」のこと。この漢字が伝わったころ、日本にはぶたがいなかったので、似ている「いのしし」に使ったんだ。

中国、日本で同じ漢字なのに意味がちがうものは、ほかにもいっぱい。

面白いところでは、「手紙」。中国ではトイレットペーパーのことなんだ。また、中国で「床で寝る？」と聞かれてもおどろくなかれ、「床」は中国語でベッドの意味なんだよ。

中国と同じ漢字が使われているわけではない

飛 → 飞
習 → 习
楽 → 乐

日本の漢字には、古い字体の旧字体と新しい字体の新字体があるものがある。「國」を「国」に変えるなどかんたんにして、広く使われるようにしたのだ。

すると、中国の漢字と字が変わってくるよね。でも、そういうことは漢字の故郷、中国でも行われている。

1950年代から、漢字をどんどんかんたんな字体（「簡体字」）に変えたものに定めていった。たとえば上の図のように「飛」なら一部分とって「飞」だけ、みたいな感じだ。

日本も「新字体」の字があるし、共通の祖先をもちながら、姿がちがう漢字に変わっていってるんだね。

読みも由来も不明!? あやしい幽霊文字

幽霊文字とは、読みも、由来すらもわからない漢字のこと。

そんな字があるの？　と思えるけど、あるのだ。そのきっかけは、名前や地名など、ふつうに使われる漢字をコンピューターで使うため、1970年代に4つの漢字表にのっている漢字を集めたときだ。なんと、由来不明のあやしい字が見つかった。

いったいこれらの字はなんなのか、と調査開始。その後、20年以上、数回にわたる調査によって、ほとんどは書き写しミスなどでできた漢字だと判明したんだ。しかし、今も上に示した12字だけは、由来が不明のまま。これが幽霊文字だ。

多いものを表すんだから漢字もやはり“多い”

「木」の漢字が2つで「林」、3つで「森」だ。「木」の数でわかるように、「林」よりも「森」のほうが、木が密集した状態を表す。

このような、同じ字をいくつか組み合わせることで、ものが多くあることを表す漢字がある。

たとえば「鱻」は魚がいっぱいいることを表す漢字。読みは「ギョウ」「ゴウ」など。「猋」は「ヒョウ」で犬の群れが走る姿、「犇」はたくさんの牛が驚いて走り出すようす。

また、「淼」で水が多いようす、「䨺」で雲が空に広がるようすなどを表す漢字もある。

画数が一番多い漢字は64画

もっとも画数が多い漢字はなんだろう？

日本の漢字辞典によれば、64画というからとんでもない。その漢字は2つある。

まず「龍」が4つの「𠔻」。「テツ、テチ」と読み、「言葉が多い」という意味。4頭の龍が集まってべラベラとしゃべっている姿かな？

もうひとつは「興」が4つの「𠔻」。こちらは「セイ」と読むけど、残念ながら意味は不明なんだ。

また、大昔の中国の漢字までふくめると、172画のものがあったという説があるけど、くわしくはわかってないよ。

「熊猫（レッサーパンダ）」はパンダのせいで「小熊猫（レッサーパンダ）」になった

きみのせいで
「小」になった

顔が熊（くま）のようで、体が猫（ねこ）のようだから「熊猫」と書く動物がいる。かつて「パンダ」と呼（よ）ばれていた、「レッサーパンダ」のことだ。

ところが、あとから、あの白黒のジャイアントパンダが見つかると「デカいパンダだ」ということで「大きい」の意味をつけて「大熊猫（ジャイアントパンダ）」と書くようになったんだ。

そして元祖（がんそ）「熊猫」の方は「それならこっちは小さいパンダ」ということで「小さい」の意味をもつ「レッサー」が名前につけられ、漢字でも「小熊猫（レッサーパンダ）」と書くようになっちゃったんだ。レッサーパンダにはいいめいわくな話だね。

腐っていないのに「豆腐」なわけ

「豆が腐る」と書いて、「豆腐」と書く。しかし、豆腐は豆を腐らせて作る食べ物じゃない。どうして「腐」なんて字が使われているのだろう？

いろんな説があるんだけど、そもそも中国語では「腐」が「液状のものが集まって固まった、柔らかいもの」という意味があるためといわれている。

また、「腐」は肉を保存することを表す字で、熟成して柔らかく食べられるようになることから、豆腐のような柔らかいものも「腐」と呼ぶようになったともいわれるよ。

「白」は白骨化した頭の骨が元!?

「白」という漢字は、なぜ「白」という字なのか？

じつはこれ、白い色をしたものの形から作られたようなんだ。ではその白いものとは……一説によれば、なんと、人間の頭蓋骨だとか。

人間の頭が雨風にさらされた結果、骨だけになった、それをかたどって作られたというのだ。骨の色は白だよね。だから、「白」という意味になったとか。なにげなく使う漢字だけど、そう考えるとちょっと不気味さもあるかもね。

また、ほかにも、どんぐりを割った中身とか、つめがのびた親指の形からできた、なんて説もあるよ。

カはぶ～んと飛ぶから虫＋文（ぶ～ん）で「蚊」

夏になると、どこからともなく「ブ～ン」と羽の音を鳴らして飛んでくるいや～な蚊。

漢字を見ても、「文」だなんて、ふざけた偶然ある？　って思えるけど、これ本当に、「文」と音をたてる「虫」だから「蚊」になったんだ。

じっさい、ダジャレのような理由からできた漢字はほかにもある。

たとえば、「鳩」。「クークー」と鳴く鳥だから、「九（ク）」＋「鳥」。「鴉」なら、「ガーガー」鳴くから「牙（ガ）」＋「鳥」になった。

また、「苗」は中国語で「ミョウ」と読む。ミョウミョウ鳴く「豸」（けもの）といえば「猫」だ。

魚を表す漢字には、特徴から作ったものがけっこうある

「魚へん」の漢字なら、だいたい魚にまつわる漢字だとわかるよね。しかも、魚の名前を表す漢字には、つくりに、その魚の特徴を表すものがけっこうあるよ。

なかでも、めちゃめちゃわかりやすいのがヒラメ。体型が平べったいでしょ。だから「鮃」と書くわけ。

じゃあ、同じく平べったい魚のカレイは？　というと「鰈」。つくりの「世＋木」は「葉っぱのようにうすいもの」を表す。

カツオは「鰹」。「堅い」と書くのは、鰹節が由来。きみは削った鰹節を目にする機会が多いだろうけど、あれはカッチカチに堅いかたまりに

加工したカツオを削ったものなんだ。
ほかにも、イワシは「魚」＋「弱」で「鰯」。ほかの魚に食べられてばかりだし、傷みやすいからだ。しかも、名前についても、「よわし」が「いわし」になったという説もある。
68ページで見た「鮎」は、鮎で「占い」をしていたのではなく、なわばりを「占」有するほど、なわばり意識が強い魚だから。
ちなみに、クジラは「鯨」と書く。「京」には「高い丘」の意味もあり、丘のように巨大な生き物だから。クジラは魚じゃなくて哺乳類なのに魚へんなのは、昔、魚のなかまだと思われていたからなんだ。

「美しい」はそもそも大きな羊のこと！

ヒツジの執事がウールを売る

「美しい」や「美人」や「美酒」などなど、「美」の漢字は、ほめ言葉で使うよね。

この漢字のそもそもは、「大きな羊」を表した。「美」を分解すると「羊+大」からなりたっているでしょ。

でも、なんでまた大きな羊が「美しい」なのか？

じつは昔から、ヒツジは家畜として飼われ、その肉は食料として、その毛は衣服として使われたり、さらには神にささげられる生き物だった。

当然、丸々とふとって毛並みもいいヒツジは価値がある。そんな立派なヒツジだからこそ、人々は当然、美しいものとして考えたのだ。

明日の次の日は「明後日」、その次の日は「明明後日」

「今日」の次の日は「明日」、その次の日は明日の後の日で「明後日」。では、さらに次の日は、というと、「明明後日」だ。「明後日」が明けた日だから。

さらに翌日、「今日」から数えて4日後はというと、「明明明後日」と書く場所もあれば、「弥の明後日」と書く場所もある。「弥」とは「いよいよ、もっと」という意味だ。

ちなみに今日の1日前は「昨日」、2日前は「一昨日」、3日前のことは「一昨昨日」というよ。

住んでいる地域によって、いい方や意味はちがうことがあるよ。

ひと休みコラム

さすがの言いまちがいが「さすが＝流石」に!?

ごまかしてみたら、それが……

昔、中国に孫楚という人がいた。彼は「枕石漱流（石をまくらに、川の流れで口をゆすぐ生活がしたい）」と言おうとして、「漱石枕流（川をまくらに、石で口をゆすぐ）」と逆に言ってしまった。でも、孫楚はまちがいを認めたくない。だから「石で歯をみがくし、耳を川で清める、これでいいのだ!」とごまかした。これに納得した人人は「さすが孫楚」とほめた。そこで、人をほめるときの「さすが」は、「漱石枕流」から2字を取って「流石」と書くようになったのだ。

「漱石枕流」は夏目漱石のペンネームに

上の話から「漱石枕流」にはがんこ者や負けおしみの意味もある。その話を知っていた作家の夏目漱石は、自分ががんこで負けず嫌いだったので、ペンネームに「漱石」の名をつけたという説があるよ。

99歳のお祝いは100－1歳、「百」から「一」を引くので「白寿」

誕生日はおめでたい。ひとつ歳を重ねるだけでもおめでたいなら、それが積み重なりまくった長寿の祝いは、さらにおめでたい。

だから、昔の人は年齢の節目ごとに呼び名をつけて、お祝いをした。

とくに100歳なんて、すごいよね。だから、「百寿」などと呼んで祝う。

もちろん、その前年の99歳もすごいよね。この歳もお祝いをするんだけど、呼び名は「白寿」。「百」の漢字から「一」を引くと「白」になるでしょ。だから「白寿」ってわけ。

ちなみに90歳は「卒寿」、88歳は「米寿」、80歳は「傘寿」というよ。

「冠婚葬祭」って儀式にまとめて使うけど、それぞれに意味がある

「冠婚葬祭」って聞いたことはないかな？　おめでたいこととかお別れなどの、いわゆる「儀式」をまとめていう四字熟語だ。

それぞれの意味は次のようなもの。

「冠」は、七五三や成人式など、年齢の節目や、就職などの祝いごと。

「婚」は結婚式や婚約の式である結納など、結婚にまつわる儀式のこと。

「葬」はお葬式など、死にまつわる儀式のこと。

「祭」は祖先に関係すること。人が亡くなって数年後に行う法事や、お盆、正月などの行事もこの「祭」だ。

冠婚葬祭はたった四字だけど、めちゃめちゃ人生つまっているよね。

「々」はじつは漢字じゃない

「人々」とか「時々」、名字の「佐々木」など、同じ漢字をくり返すときに使う「々」、これって漢字!?

漢字の代わりに使うのだから、漢字の一種と思えるよね。でも、これは「約物」という記号の一種。「踊り字」、「畳字」「重ね字」「反復記号」などと呼ばれる、くり返しを表すものなのだ。

では、なんと読むのかというと、読めない。読み方がないものなんだ。

ちなみに、手書きなら「々」と書けばいいけど、パソコンで「々」を出すならどうすればいいのか。これ、「おなじ」と打てば変換できるぞ。

ひと休みコラム

歌舞伎が由来の漢字

イケメンを「二枚目」というワケ

昔から、顔のいい男の人を「二枚目」という。その言葉の由来は、江戸時代の歌舞伎にある。

当時、歌舞伎が行われる芝居小屋の前には、役者の名前を書いた看板が出ていた。その一枚目は演目の主役で、二枚目は美男子、色男役。だからイケメンを「二枚目」と呼ぶようになった。ちなみに看板の三枚目はお笑い役。だからお調子者を「三枚目」というよ。

得意技を「十八番」と書くのも歌舞伎から

歌舞伎由来の漢字はほかにもいっぱい。たとえば、得意な技を「十八番」という。これは歌舞伎役者が得意なお家芸を18作品選び「歌舞伎十八番」と発表したことが由来。読みはその台本を箱に入れて保管したことからだ。

また、「黒幕」「花道」「正念場」など歌舞伎由来の言葉は他にもいっぱいあるよ。

4章 まだある漢字のあれやこれや

Chapter

二字熟語で音読み&音読みは「漢語」訓読み&訓読みは「和語」

天気（音・音）

青空（訓・訓）

「看護師」は漢語だね

二字熟語を読むとき、ふつう、上の漢字を音で読めば、下の漢字も音で読む。

「天気」なら、音と音で「テンキ」と読む。音読みは中国の発音をまねた読み方なので、このような読みを「漢語」というよ。「太陽」「台風」なども漢語だ。

漢字の読み方には訓読みもあるよね。この場合も、上の漢字を訓で読めば、下の漢字も訓で読む。

「青空」なら、訓と訓で「あおぞら」だ。訓読みは漢字に日本語の読みを当てはめた読み方なので、このような読み方をするものを「和語」という。「大雨」「夕日」なども和語だ。

音読み訓読みまざる熟語で音+訓は「重箱読み」訓+音は「湯桶読み」

熟語の読み方は、音+音、訓+訓にかぎらない。音と訓がまざる読み方をするものがあるんだ。

たとえば「重箱」なら「ジュウばこ」で音+訓だ。このような読み方を「重箱読み」という。「駅前」や「台所」「本屋」なども重箱読みだ。

逆に、訓+音の読み方は「湯桶読み」という。「湯桶」は飲むための湯を入れる容器のことだ。「手帳」、「雨具」、「弱気」なども湯桶読み。

また、熟語の文字数がふえると、さらに複雑な読み方をする。「湯豆腐」なら「ゆ」は訓、「ドウフ」の2字は音。さらに「奥座敷」のように訓+音+訓などもあるんだ。

漢字や意味は同じなのに別の読みをする熟語がある

熟語の中には、漢字や意味にちがいがないのに、読み方はちがうものもある。

たとえば「牧場」。ウシやヒツジなどの家畜を飼育する施設だよね。これ、きみはなんて読んだ？　音＋音の読みの「ボクジョウ」かな？　訓＋訓の読みの「まきば」かな？

このように、意味はほぼ同じでも、2つの読み方がある二字熟語の読みを「牧場読み」というんだ。「春風」なら「シュンプウ」と「はるかぜ」、「市場」なら「シジョウ」と「いちば」、「山道」なら「サンドウ」と「やまみち」などもそう。ほかにどんなものがあるかな？

同じ熟語でも読みが変わると意味も変わるものがある

同じ漢字の組み合わせなのに、読みが変わるとちがう意味になる熟語もあるんだ。

たとえば「生物」。音＋音の「セイブツ」と読めば、動植物など生きているもののこと。でも、訓＋訓の「なまもの」と読めば、熱を加えていない生の食品、の意味になる。

「色紙」なら、音＋音の「シキシ」だと俳句などを書く厚手の紙だけど、訓＋訓の「いろがみ」なら折り紙など、色のついた紙だね。

三字熟語の「大人気」なら「ダイニンキ」「おとなげ」となる。

ふりがなのない文章は、前後をよく読み、意味の合う読み方をしよう。

聞くだけじゃわからない？音が同じで意味がちがう同音異字・同音異義語

「道」「動」「同」「堂」……これらの音はいずれも「どう」であるように、ちがう漢字でも音が同じものってあるよね。

耳で聞いただけではわからない、このような字を「同音異字」というんだ。漢字にはこのような字がとても多い。そこで、なるべく同じ音の漢語を減らそうとしてきたんだ。

でも、せっかく減らしたのに、2文字の組み合わせにしたら、「夏季」「火器」「下記」のように、またふえてしまった。

このような、音の読み方は同じなのに、意味のちがう単語を「同音異義語」というよ。

訓だって言葉だけじゃ意味のちがいがわからない同訓異字

同訓異字を見たら心臓どくんどくんする

漢字の訓読みにも、同じ読み方をするのに意味がちがうものがある。これらを「同訓異字」というよ。

たとえば、「はかる」という言葉。身長を「測る」、体重を「量る」、速度を「計る」、計画を「図る」、悪事を「謀る」というように、読みは同じでも、意味はみんなちがうんだ。

ほかにも、「おさめる」なら、「納める」「収める」「治める」「修める」、「つとめる」は「務める」「努める」「勤める」「勉める」などなど。

同訓異字も同音異義語と同じく、その言葉を耳で聞いても、どの言葉なのか区別をつけるのは難しいね。

「生」や「下」には12通りもの読み方がある

ひとつの漢字で、読みがもっとも多いのはなんだろう？

日常生活で使う漢字を選んだ「常用漢字表」を見ると、一番多いのは、「生」と「下」で12通りという。

「生」は「セイ、ショウ、いきる、いかす、いける、うまれる、うむ、おう、はえる、はやす、き、なま」。

「下」は「カ、ゲ、した、しも、もと、さげる、さがる、くだる、くだす、くださる、おろす、おりる」だ。

ただし、常用漢字表にない読みもある。「生」だけでも、なんと100通り以上あるともいわれる。はっきりと「この漢字の読みが何通りで一番多い」とはいいきれないんだ。

「小鳥遊」の読み方な〜んだ？……って、なぞなぞか〜い！

人の名字や地名には、なぞなぞのようなものがある。

「小鳥遊」という名字がまさにそうなんだけど、読める？　小鳥が遊ぶ、と書くでしょ。つまり遊べるくらい、小鳥は安心しているわけで、敵である夕カがいない状況なんだ。だから、「夕カ無し」で、「たかなし」！

では、「月見里」はどうかな？　月がよく見える里、ということは、周りに高い山がない＝「やまなし」！

「春夏冬」だと、これは四季のうち、「秋」がない。だから「あきない」だ。

ちなみに「東西南」なら「北」がないから、「きたない」と読みそうだけど、そんな熟語はないようだよ。

「七夕」の読みは「七」が「たな」で「夕」が「ばた」じゃない

ぼくら、読みがなもわかれられない!!

七夕に打ったなバッター!

7月7日は織姫と彦星が年に1度会える「七夕」の日。

この七夕という読み方、「七」には「たな」、「夕」には「ばた」なんて読みはないのに「たなばた」だ。

じつはこれ、「七夕」2文字セットで、初めて「たなばた」と読む。熟語全体につけられた読みなんだ。

このような特別な読み方をする熟語を「熟字訓」というよ。

熟字訓は珍しいものと思えそうだけど、きみが気づかずに使っているものも多いかも。たとえば、「昨日」や「今日」、「明日」なんておなじみのものから、「大人」「乙女」「紅葉」などは熟字訓なんだ。

きみは「十二支」をぜんぶ書ける？

十二支の動物たちを自由にしてください

「十二支」は、暦や方角、時間などを表すのに、12種類の動物を当てはめたものだ。

「子」はネズミ。「丑」はウシ。「寅」はトラ。「卯」はウサギ。「辰」はリュウ。「巳」はヘビ。「午」はウマ。「未」はヒツジ。「申」はサル。「酉」はニワトリ。「戌」はイヌ。「亥」はイノシシのこと。

この12種類で円をえがき、方角を示す場合は、北が「子」、東が「卯」、南が「午」、西が「酉」となる。

時間なら「子」が午後11時から午前1時をさす。また、午前11時から午後1時は「午」。だからお昼を「正午」というんだ。

昔の月の呼び名はただの数字じゃなかったしそれぞれ意味もある

年末はお坊さん（師）も走り回るほどいそがしい。だから昔、12月を「師走」と呼んでいた。

このように、月には数字じゃない呼び名がある。順に見てみよう。

1月は「睦月」。家族が集まり、睦み合う（なかよくする）ことから。

2月は「如月」。衣更着ともいって、寒いから「衣を更に着る」ことから。

3月は「弥生」。「弥」は「ますます」、「生」は「（植物が）生い茂る」時期で「いやおい」が変化した。

4月は「卯月」。「卯（ウツギ）の花」が咲く季節だから。

5月は「皐月」。もともとは「早苗月」と呼ばれ、苗を植えはじめる

神無月

師走の準備、しわすれないように

月だから。

6月は「水無月」。梅雨の季節で、田に水があるから。「無」は「の」のことで「水の月」という意味。

7月は「文月」。七夕の短冊に字を書き、書道の上達を願ったから。

8月は「葉月」。昔は9月ごろにあたり、木々の葉が落ちる月だから。

9月は「長月」。秋の夜長から。

10月は「神無月」。全国の神様が島根県の出雲大社に集まり、各地の神々が留守になる月だから。神様が集まる出雲だけ「神在月」になる。

11月は「霜月」で、霜が降る寒い季節だから。

昔からの呼び名、おぼえてみよう。

漢字に書き順があるのは字をうまく速く書けるようになるため

漢字が書ければ、書き順なんてどうでもいいと思えるだろうけど、書き順には理由がある。

それは、字のバランスがよくなるので、字をうまく書ける。筆の運び順にむだがなくなるので、速く書けるようになる。しかも書き順を知っていると、漢字を覚えやすくなる。

でも覚えるのが大変……ってきみ、書き順にはざっくり決まりがあるよ。たとえば、文字は「上から下へ」「左から右へ」書く、「同じ形は同じ書き順」という基本ルールがあるんだ。

また、例外もあるけど、「横から縦」「外から中」「中心から外に書く」ことも書き順のポイントだよ。

名前に使える漢字が決まっている

名前にはどんな漢字でも使えるわけじゃない。

使えるのは、ひらがなとカタカナ、「ー」ののばし棒と、2999字の漢字だ。漢字は「常用漢字」の2136字と、常用漢字じゃないけど、名前に使うことができる「人名用漢字」の863字だ。

だから、それ以外の漢字は名前には使えない。「人を祟る、慍む」の「祟」や「慍」は常用漢字でも人名用漢字でもないので当然、使えない。

「悪」や「魔」は常用漢字だから使えるけど、「悪魔」のような組み合わせだと、名前にふさわしくないのでOKが出ないこともあるよ。

ふりがなのことを「ルビ」というけど由来は宝石のルビーから

宝石
ルビーから
ダイヤじゃないのかー
でかいルビーを安く売る、び〜っくり!

ふりがなは、漢字などの読みがなのこと。ふりがなの別名は「ルビ」というけど、どうして?

これは、イギリスが由来。19世紀後半、文章を印刷するとき、使われる文字の大きさごとに、「ダイヤモンド」や「エメラルド」、「ルビー」と宝石の名前をつけていた。

日本の明治時代に、イギリスの文章を印刷する技術が入ってきた。このとき、ふりがなに使っていた文字の大きさが、イギリスでは「ルビー」と呼ばれていた大きさと近かった。

そのため、ふりがなのことを「ルビ」と呼ぶようになり、これが定着していったってわけ。

数を数えるとき「正」の字を使うけど、昔は「玉」の字を使っていた

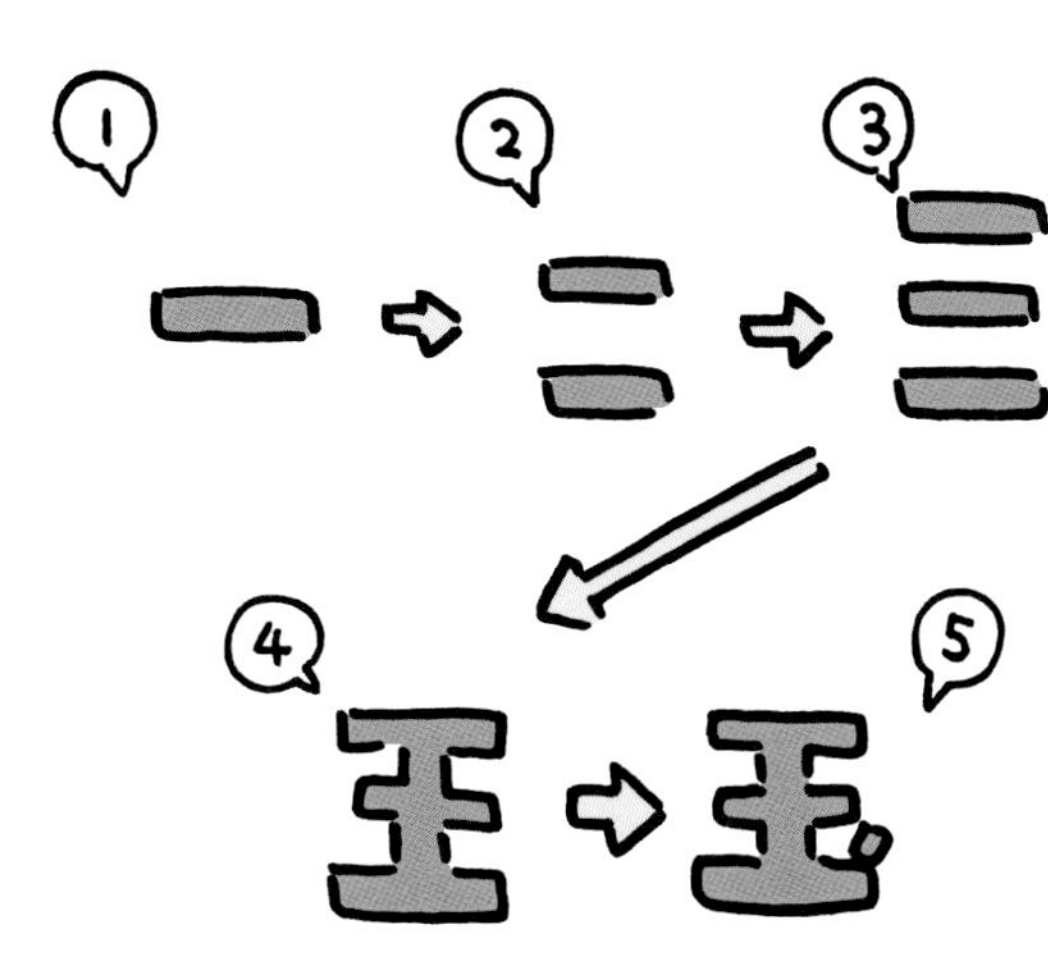

学級委員を決めるとき、投票などで、「正」の字で数えたりするよね。「正」＝「5」とひと目でわかりやすいからだ。

この数え方、江戸時代に中国（当時は清）から伝わったらしい。では、その前の日本では、どうしていたのか。数えていなかった……のではなく、「玉」の字を使っていた。

数えるときにはいつもの書き順ではなく、横に3本の線→縦の線→点と書いていた。「玉」の字を使っていた理由は、商人の使うそろばんの「玉」に由来しているとか。

ただ、「正」の字の方が見まちがいしにくいため、広まったようだ。

＼ひと休みコラム／

江戸時代に作られたウソ漢字

戯作者（作家）が作ったパロディ漢字

江戸時代の終わりごろ、作家の式亭三馬は、『小野篙譃字尽』というウソだらけの創作漢字本を書いた。その本には、漢字をパロディにした「うそじ」がいっぱい。しかも、読めなくてもなんとなく意味がわかっちゃうから、面白い。いくつか紹介しよう。きみはわかるかな？

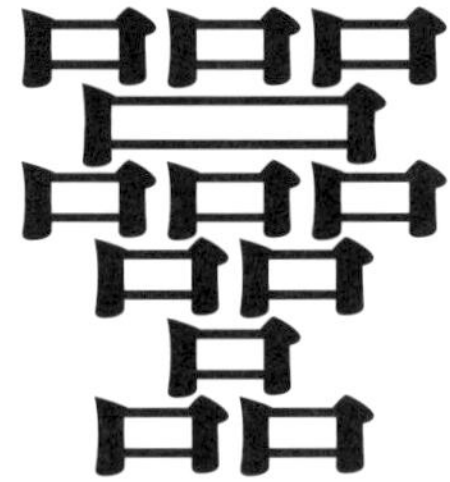

「口」が12個集まった字で、「おしゃべり」と読むよ。

「目」が向かい合っていることから「にらめっこ」だ。

「足」が逆さだから……そう、「逆立ち」と読む。

「頭」の上に「皿」がある。これは妖怪の「カッパ」の漢字。

5章 しってる？ 漢字クイズ

Chapter

次の名字、読めるかな？

いずれも本当にある難読漢字の名字だ。きみの名字だったり、きみの友達に同じ名字の人はいるかな？

1

薬袋

「薬を入れる袋をもっているのを見たことがない（くらい元気）」ことが由来という説がある。

2

おはようございま～す！

東江

「東」は日の〝上がる〟方向で、「江」は入江のこと。と、いうことは、どう読めるかな。

答え ①みない ②あがりえ

3

八月一日

昔、旧暦(きゅうれき)8月1日ごろに、稲(いね)の穂(ほ)をつんでいたんだ。そこからできた読み方に由来する名字だ。

4

一

漢字の「一」の１文字だけの名字だ。読み方のヒントは、１は何の数字の〝前〟にあるかな？

5

ぼくから「つ」がない

十

ひとつ、ふたつと数えていくと「10」のとき「○○つ」の「つ」がつかないことに由来する名字。

いろんな名字を見てみようじぇ〜

答え　③ほずみ　④にのまえ　⑤つなし

次の国名、地名、読めるかな？

世界の国や都市の名前だ。正式に決まっているわけじゃないけど、昔から使われて定着したよ。

①

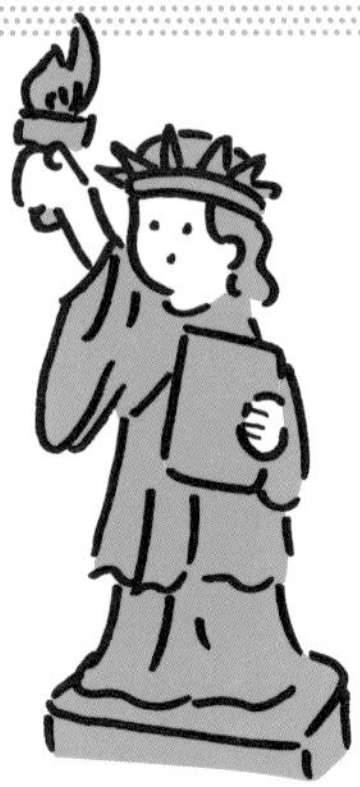

亜米利加

「亜（ア）」「米（ベイ）」「利（リ）」「加（カ）」、続けて読むと「アベイリカ」。わかる気しない？

②

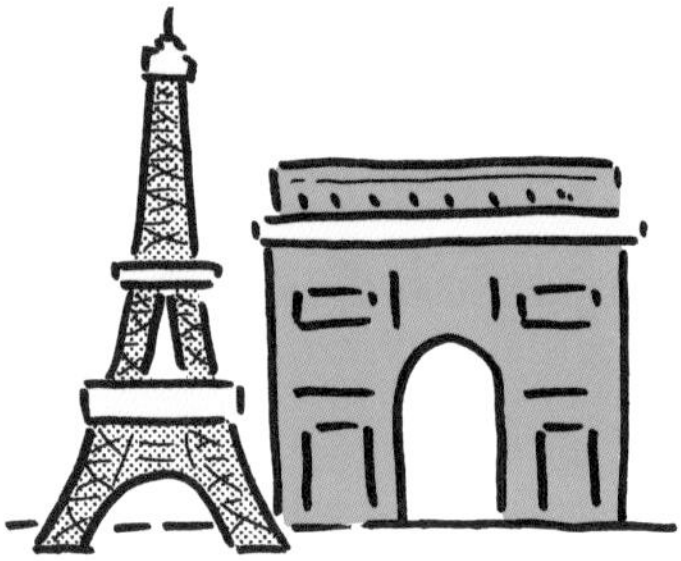

仏蘭西

「仏（ブッ）」「蘭（ラン）」「西（セイ）」。この３字を続けて勢いつけて読んでみるとどう？

答え　①アメリカ　②フランス

3

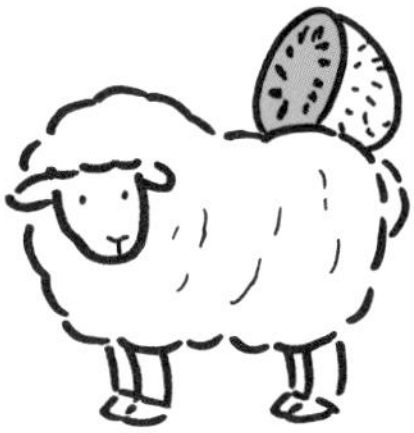

新西蘭

南半球にある国だよ。「新」は英語の「ニュー」の意味で読むと、なんとなくわかるんじゃない？

4

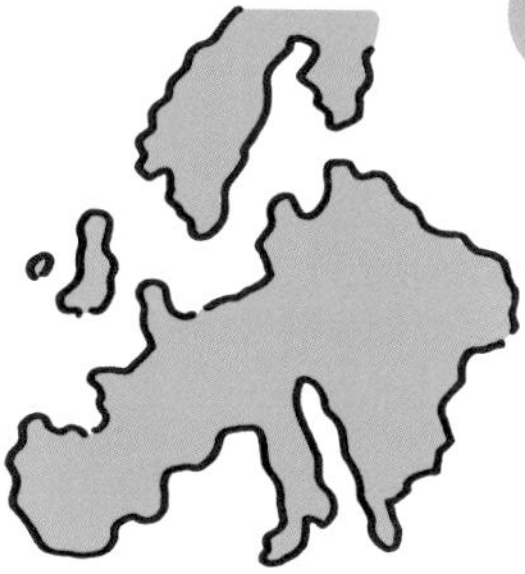

欧羅巴

地域名だ。「欧（オウ）」「羅（ラ）」「巴（ハ）」の音読みを続けると「オウラハ」。似た響きの地域があるよ。

5

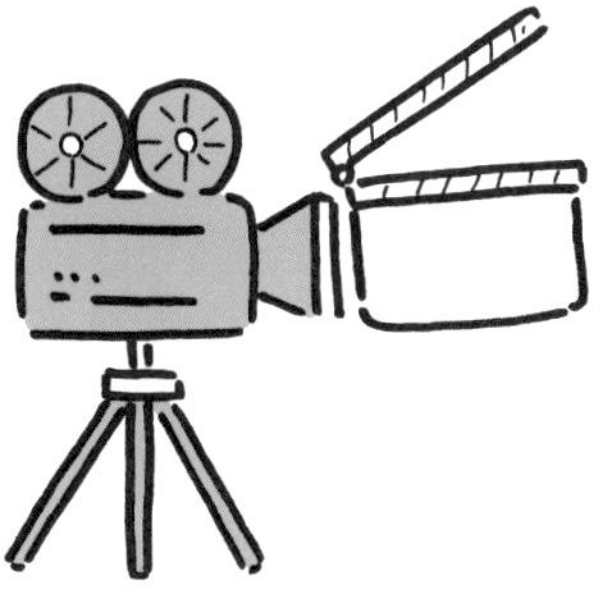

聖林

「柊の林」の名が由来の都市。「柊（Holly）」と「聖（Holy）」をまちがえたためこうなった。

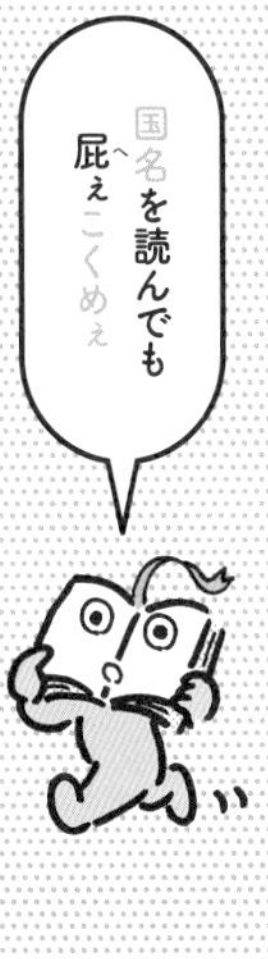

答え ③ニュージーランド ④ヨーロッパ ⑤ハリウッド

次の偉人名、だれのことかな？

外国の偉人の名前に漢字を当てたもの。そのままじゃ読めなさそうなので、業績や絵もヒントに考えてね。

1

伽利略

「天文学の父」とも呼ばれる。重いものと軽いものが同時に落ちることを証明した。

2

愛迪生

これは読めないね……。白熱電球や蓄音機などを作ったアメリカの発明王だよ。

答え ①ガリレオ ②エジソン

3

尼通

木から落ちるリンゴを見て、「万有引力の法則」を発見したエピソードがあるイギリスの科学者だよ。

4

貝多芬

耳が聞こえなくなっても、名曲を次々と作曲し続けた、情熱の音楽家。毎年年末に歌われる『第九』も有名だ。

克利奥佩特剌

この人の鼻がもう少し低かったら歴史は変わっていた、なんて言われる古代エジプトの女王。

答え　③ニュートン　④ベートーベン　⑤クレオパトラ

次の植物の名前、わかるかな？

いろんな植物の名前を漢字で表したもの。そんな植物知らないって思えそうだけど、わりとおなじみだよ。

蒲公英

英語では、「ダンデライオン」。「ライオンの歯」という意味の花だよ。

2

土筆

茎の先が「筆」に似ていることと、「土」から突き出すように生えてくる姿からこう書く。

答え ①タンポポ ②ツクシ

3

薔薇

難しい漢字の代表！「薔」は垣根、「薇」は風にそよぐことを意味するんだって。トゲのある花だよ。

4

紫陽花

「藍色の集まり」という意味の「集真藍（あづさい）」がなまったものが名前の由来。梅雨の時期の代表的な花だ。

5

向日葵

花が太陽の方を向くように見えることから、そう名づけられた。花の形が太陽っぽいよ。

答え ③バラ ④アジサイ ⑤ヒマワリ

次の生き物の名前、わかるかな？

いろんな生き物の名前だ。「豚」とか「竜」とか「馬」なんかにつられないで答えられるかな？

①

海豚

中国では豚に似ていると考えられ、「海にいる豚に似た生き物」の意味でこの漢字になった。

②

土竜

中国では「ミミズ」のことで、日本に伝わったときにまちがえてこの漢字が当てられたとか。

答え ①イルカ ②モグラ

③

河馬

河で生活する馬という意味でこの漢字が当てられた。でも、馬とは似ても似つかないよね。どういうこと!?

④

啄木鳥

「木を啄む鳥」という意味に由来する。「啄む」は「鳥がくちばしでつついて食べる」という意味だ。

⑤

赫拉克勒斯大甲虫

世界一大きなカブトムシで「カブトムシの王様」と呼ばれている。漢字はふつう、読めない！

答え ③カバ ④キツツキ ⑤ヘラクレスオオカブトムシ

次の食べ物の名前、わかるかな？

いろんな食べ物の名前だ。一見、読めなさそうだけど、お店などでよく見かけるものだから、読めるかも？

1

金平糖

「砂糖菓子（さとうがし）」の意味がある、ポルトガル語の「コンフェイト」がなまったものに、漢字を当てた。

2

天麩羅

衣（ころも）をつけて油であげた、そばなどの付（つ）け合わせのおいしいやつ。ポルトガル語由来の説（せつ）もある。

答え ①こんぺいとう ②てんぷら

焼売

蒸し料理で、上にグリーンピースがのっているものがおなじみ。「焼」には、熱を加えて変化させる意味がある。

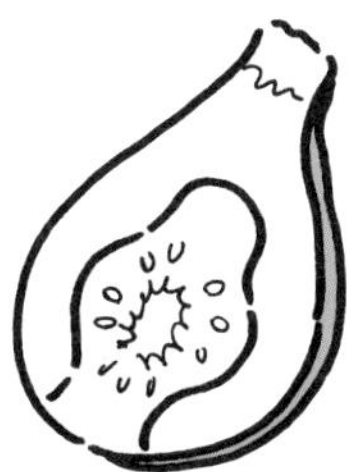

無花果

花弁が外から見えないため、花をつけないように見えることから「無花果」という字が当てられた果実だ。

炒飯

中国語の「チャオファン」が由来との説がある。西日本だと焼き飯と呼ぶことが多いようだよ。

答え ③シューマイ ④イチジク ⑤チャーハン

次の物の名前、わかるかな？

いろんな物の名前だ。とくにめずらしくもなく、きみの周りによくある物だよ。漢字だと印象がちがうかな。

薬缶

もともとは、薬を煮出すのに使われ、「やくくわん」と呼ばれていた。

2

馬穴

英語の「bucket（おけ）」に由来すると考えられているよ。

答え ①やかん ②ばけつ

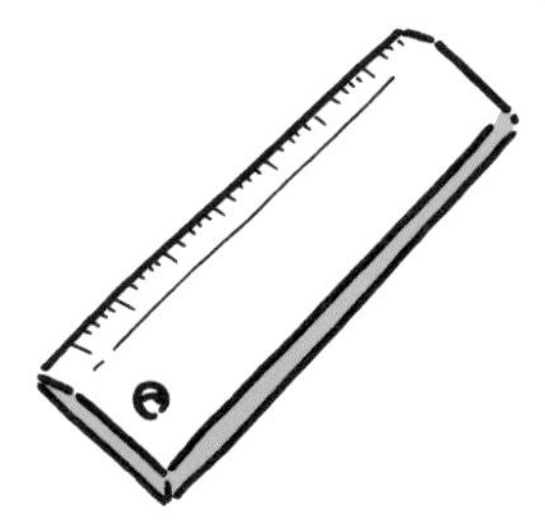

定規

線を引くための道具だ。長さを測るための目盛りがあるものもあるけど、なくても定規は定規。

4

束子

「手藁」とも呼ばれた、ワラを束ねて作った、よごれをこすり落とす道具。今は金属などを材料にしたものもある。

団扇

中国で「丸い」を表す「団」と、とびらの開閉で風が生じる意味の「扇」を合わせたものだ。

答え ③じょうぎ ④たわし ⑤うちわ

次のスポーツの名前、わかるかな？

いろんなスポーツの名前だ。漢字の意味を考えると、なんとなく想像がつくかもしれないね。

①

籠球

ゴールにある「籠」に、「球」＝ボールを入れた点数を競う球技だよ。

②

庭球

「庭」＝屋敷の庭で行う球技だ。競技名の頭文字「テ」の音を合わせたという説もあるよ。

答え ①バスケットボール ②テニス

3

避球

「避」は「さける、よける」ということ。球(たま)をさけるスポーツといえば、きみも学校でよくやっているんじゃない？

拳闘

「拳」は「こぶし」、「闘」は「闘(たたか)う」こと。こぶしで闘(たたか)うスポーツといえば、リングで1対1で行う、アレだ。

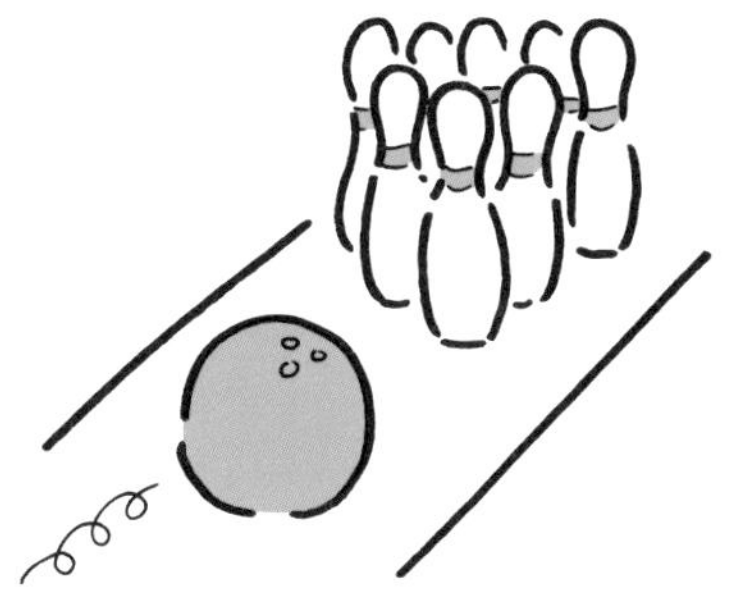

十柱戯

「十柱」ということは10本の柱。「戯(たわむれ)」は「ゲーム」の意味。ボールで柱をたおすゲームだよ。

答え ③ドッジボール ④ボクシング ⑤ボウリング

次の昔からある物の名前、読めるかな？

左の漢字は、日本に古くからある物の名前だ。きみはどれか使ったことがある？

1

湯湯婆

「婆」は「母」などを表し、人をだきしめたときの体温で暖(だん)を取ることを意味しているとか。

2

提灯

家ののき下に「提(さ)」げたり、手に「提(さ)」げて持ち歩いたりする「灯(あか)」りだ。

答え ①ゆたんぽ ②ちょうちん

3

簪

もともと冠を髪に留めるために使った。のちに髪だけを留めるものになったよ。女性の方が使う機会が多いかも。

4

凧

「風」の字を省略して書いたものに、ぬのの意味がある「巾」を合わせた文字。風を受けて空に飛ばすアレだ。

5

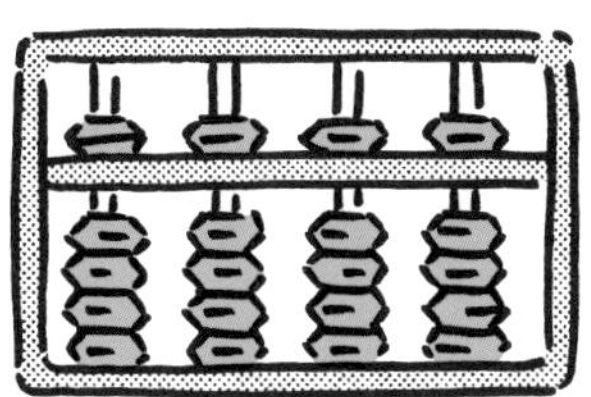

算盤

昔の中国では、数を数えることを「算」といった。算に使う「盤」で、「算盤」となった。

答え ③かんざし ④たこ ⑤そろばん

次の行事や風習の名前、読めるかな？

日本の行事や風習の名前だよ。新聞やニュースで見かけることも多いので、意外と読めちゃうかな？

大安

いい日悪い日を６つに分けたうち、一番よい日とされる。逆（ぎゃく）に一番悪いのが「仏滅（ぶつめつ）」だ。

2

結納

結婚（けっこん）することが決まった両家がそろって行う、婚約（こんやく）の行事のことだよ。

答え ①たいあん ②ゆいのう

3

酉の市

商売繁盛を願う行事。毎年11月の「酉の日」という日に、各地の神社で行われ、縁起物の熊手を買ったりするよ。

4

御神酒

神様にお供えする日本酒のことだ。「酒」はもともと薬の意味がある「き」と呼ばれていたという説があるよ。

5

大晦日

12月31日だ。月の最終日を「みそか」といい、1年の最終月最終日なので「大」をつける。

答え ③とり（の）いち ④おみき ⑤おおみそか

次の自然現象の名前、読めるかな？

いろんな自然現象の名前だよ。どれも当て字で、ふつうには読めないけど、知ってるものもあるかな？

1

十六夜

新月から数えて16日目の月。読みは「ためらう」の意味の「いざよう」に由来する。

2

東雲

明け方のうす明かりのこと。「しのの目」という家の明かりとりから入るうす明かりが由来。

答え　①いざよい　②しののめ

3

陽炎

春や夏、空気が太陽の光に暖められ、炎が地面からゆらゆらと立ち上るように見える現象だ。

4

梅雨

梅の実が熟す時期に降る雨。読みは、湿度が高いため、露にぬれることが多いから、こう読まれるようになったとか。

5

不知火

遠くの明かりが夜間、火のように海上でゆらめくように見える現象。「知らぬ火」が語源という。

答え ③かげろう ④つゆ ⑤しらぬい

次の単位、読めるかな？

左の漢字は、いろんな単位の名前だよ。体積、重さ、長さ……それらの単位に漢字があるなんて、びっくりしない!?

1

竏

体積を表す「リットル」を漢字で書くと「立」。その横に「千」がついているということは……。

2

瓱

重さの単位「グラム」には「瓦」の漢字が当てられている。「毛」は1000分の1を表すよ。

答え　①キロリットル　②ミリグラム

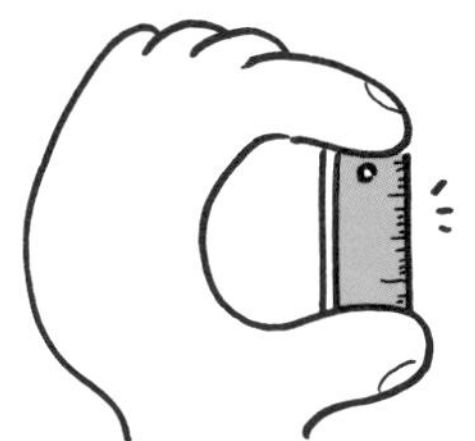

3

糎

「米」は長さの単位「メートル」に当てられた漢字だ。また、「厘」は１００分の１を表すので……。

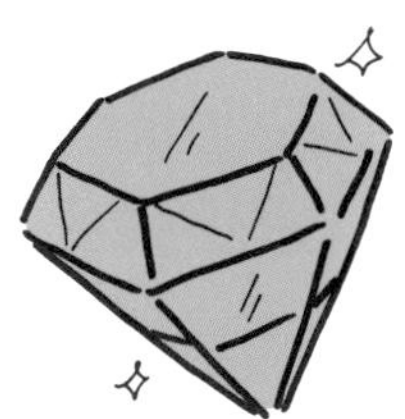

4

加朧多

どれくらいの重さのダイヤモンドなのか、というように、宝石の重さを表す単位。その音からの当て字だ。

5

弗

通貨の単位。漢字の意味や読みは関係なく、「＄」に似ているところから当てたものだ。

答え　③センチメートル　④カラット　⑤ドル

＼ひと休みコラム／

え!? こんな漢字あるの?

本当にある、ウソのような変な漢字

104ページではパロディで作られた漢字を見たけど、ここで紹介するのは本当に存在する漢字だ。ウソのような、すごく変な形のもの、使いどころが難しいすごく変な意味のものを集めてみたよ。きみが知っている漢字はあるかな?

「土」と「鹿」みたいな字が集まった字。意味は「ちり、ほこり」だ。

中国の麺料理「ビャンビャン麺」の「ビャン」を表すだけの漢字だ。

ネコやイヌが吐くという意味の漢字。読みはシン。

「人」がふたつならんでいるので「従う」という意味。読みはジュウ、ショウ。

「ゴウ」と読み「カニのはさみ」を表す。なぜこんな部分のための漢字が？

「ケン」と読み「1歳の馬」の意味。なんとせまい意味の漢字なのだろう。

「ムムムム……」と考えこむのではなく、幽霊の「幽」と同じ字だ。

夛

「ヨタヨタ」じゃないよ。「多」の別の漢字。だから意味も「多い」だ。

「夕」と「食」。「ソン」と読み、その意味はなんと！ 「ばんめし」だ。

「りつ」と読み「立って食べる」ことと思いきや、「粒」の古い字だ。

この漢字の部首、わかるかな？

左の漢字の部首は、じつはかんたんそうで難（むずか）しい。きみは、それぞれの部首が何かわかるかな？

1

空

「空」の部首は、「宀（うかんむり）」のようだけど……空は中身のないものを表すんだ。そうすると？

2

冬

部首を「夂（ふゆがしら）」とすることもある。でも、寒い、冷（つめ）たいを表す部首のことも。その部首とは？

答え　①穴（あな）（あなかんむり）　②冫（にすい）

3

率

「亠」に思えるけど、漢字のなりたちは、「洗った糸の水をしぼる」形。糸を束ねたようすを表す部分が部首だ。

4

術

「彳」と思えるけど「彳」は行く、道、のような意味。「術」は何かをはさむような部分が部首なんだ。

5

聞

部首は「門」のようだけど、主に「開閉」を表す字に使う。「聞」はちがうね。すると部首は？

答え　③玄（げん）　④行（ぎょうがまえ）　⑤耳（みみ）

次の昔の漢字を今の漢字で書けるかな？

左の漢字は、今使われている漢字の、昔の字体（旧字体）だ。今はどんなふうに書く漢字か、わかる？

1

萬

ある数だ。元はサソリの形で、中国ではサソリとその数の発音が似ていたから使われたとか。

2

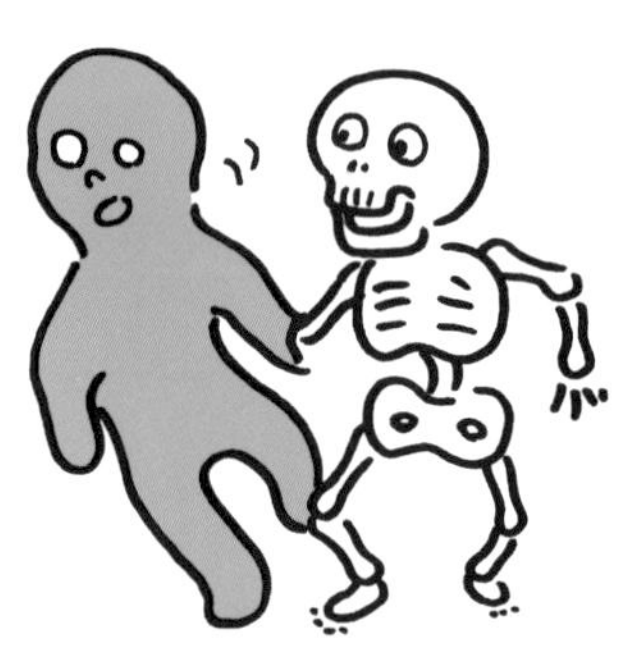

體

この漢字は「體→躰→躰」と変化して今の漢字になった。「骨」や「身」から、想像してみよう。

答え ①万 ②体

3

螢（ほたる）

「ホタル」の、昔の漢字だ。腹（はら）が光ることを「火」２つで表していたけど、これがかんたんな書き方に変（か）わったよ。

4

聲（こえ）

画数が多くて、書くのが大変（たいへん）だよね。今は、この漢字の一部分だけをとった形になっているよ。

5

學（がく）

小学１年生で習う字になり、今書くのはかんたん。こんなに画数いっぱいじゃなくてよかったね。

答え ③蛍 ④声 ⑤学

まちがえている漢字を正しくなおせるかな？

左の文章では、それぞれ1字、漢字をまちがえている。それはどこか見つけて、正しい漢字を答えよう。

①

東京都の人工は何人だろう？

②

期待に答えることができた

答え　①人工→人口　②答える→応える

4

風車が
くるくる
周(まわ)っている

3

植物の
目が出る

5

インスタ生え
して見える

答え　③目(め)→芽　④周(まわ)って→回って　⑤生(は)え→映え

まちがえている送りがなはどれかな？

左の文章では、それぞれ1字、送りがなをまちがえているよ。それはどこか見つけて、正しい送りがなを答えよう。

①

冬休みは夏休みより長さが短かい

②

温たかい風呂(ふろ)に少し浸(つ)かる

答え ①短かい→短い　②温たかい→温かい

3

白いボールを投る

4

新らしい本が売れている

5

改(あらた)めて断(こと)わって謝(あやま)った

答え ③投る→投げる ④新らしい→新しい ⑤断(こと)わって→断(こと)って

読めそうで読めない？
次の漢字、どう読む？

左の文章の「」でくくった漢字は、読めそうで読めないんじゃないかな。きみは読むことができる？

1

「強ち」まちがえじゃないね

2

服のサイズは「区々」だ

答え ①あながち（ち） ②まちまち

「清々しい」朝だ

「予め」準備（じゅんび）をしておこう

雨の中、「態々」来てくれたの？

答え　③すがすが（しい）　④あらかじ（め）　⑤わざわざ

＼ひと休みコラム／

漢字の記念日あれこれ

12月12日は「漢字の日」

毎年12月12日は、「12（いいじ）月12（いちじ）日」の語呂合わせから、日本漢字能力検定協会が「漢字の日」と制定したんだ。

そして、毎年、「今年を表現する漢字1字」を募集している。その年で一番多かった漢字がこの日、京都の清水寺で発表されているんだ。ニュースなどで「今年の漢字」の発表を見たことある人もいるんじゃない？

「今年の漢字」を見てみよう！

では「今年の漢字」にはどんなものがあったか、少し振り返ろう。

2022年は「戦」。ロシアによるウクライナ侵攻や感染症との戦いの印象が強いよね。

2021年は「金」。東京オリンピック、パラリンピックで日本はたくさんの金メダルをとったね。暗い字、怖い字の年もあるけど、やっぱり明るさを感じさせる漢字の方がいいね。

参考文献

●『これだけは知っておきたい　漢字の大常識』（黒沢弘光・監修／ポプラ社・刊）
●『これだけは知っておきたい　日本語の大常識』（金田一秀穂・監修／ポプラ社・刊）
●『小学生のまんが漢字辞典　改訂版』（加納喜光・監修／学研教育出版・刊）
●『あした話したくなる　おもしろすぎる漢字の世界』（青木伸生・監修／朝日新聞出版・刊）
●『奇妙な漢字』（杉岡幸徳・著／ポプラ社・刊）
●『白川静博士の漢字の世界へ　第二版』（福井県教育委員会・編／平凡社・刊）
●『ちびまる子ちゃんの読めるとたのしい　難読漢字教室』（川嶋優・著　さくらももこ・キャラクター原作／集英社・刊）
●『知ってびっくり！　漢字はじまり物語』（汐見稔幸・監修／Ｇａｋｋｅｎ・刊）
●『学校では教えてくれない　ゆかいな漢字の話』（今野真二・著／河出書房新社・刊）
●『絵で読む漢字のなりたち』（金子都美絵・著／太郎次郎社エディタス・刊）
●『明解！　漢字名探偵』（山口謠司・著／さくら舎・刊）
●『漢字の字源』（阿辻哲次・著／講談社・刊）
●『検定クイズ１００　漢字』（倉島節尚・監修／ポプラ社・刊）
●『楽しみながら国語力アップ！　マンガ　漢字・熟語の使い分け』（青山由紀・監修／ナツメ社・刊）
●『マンガでわかる！　１０才までに覚えたい漢字１０２６』（高濱正伸・監修／永岡書店・刊）
●『のびーる国語　使い分け漢字』（大村幸子・監修／ＫＡＤＯＫＡＷＡ・刊）

監修／**金田一秀穂**　きんだいち　ひでほ

1953年、東京生まれ。上智大学文学部心理学科卒、東京外国語大学大学院修了。中国大連外語学院、米イェール大学、コロンビア大学などで日本語を教える。1994年、ハーバード大学客員研究員を経て、現在は杏林大学名誉教授、山梨県立図書館の館長を務める。日本語学の権威である祖父・金田一京助氏、父・春彦氏に続く、日本語研究の第一人者。おもな著書・監修書に、『学研現代新国語辞典　改訂第六版（編書）』『新レインボー小学国語辞典』（学習研究社）、『金田一秀穂の心地よい日本語』（KADOKAWA）、『日本語のへそ』（青春出版社）、『15歳の寺子屋　15歳の日本語上達法』（講談社）、『あなたの日本語だいじょうぶ?』（暮しの手帖社）など。

しってる？　しらない？

漢字
びっくり事典

発行　2023年11月　第1刷

文	こざきゆう
絵	加納徳博
発行者	千葉 均
編集	田中絵里
発行所	株式会社ポプラ社 〒102-8519 東京都千代田区麹町4-2-6 ホームページ www.poplar.co.jp
印刷・製本	中央精版印刷株式会社
デザイン	尾崎行欧　宗藤朱音　及川珠貴 （尾崎行欧デザイン事務所）

ISBN978-4-591-17965-9　N.D.C.811　143p　19cm　Printed in Japan